歴史文化ライブラリー
521

摂関家の中世

藤原道長から豊臣秀吉まで

樋口健太郎

吉川弘文館

目　次

院政の時代

武家勢力と戦乱の時代

「望月」のあと——プロローグ

摂関政治と藤原道長

日本の古代、律令《りつりょう》国家において国家の頂点に君臨し、政務の最終的な決定権をもったのは、天皇である。だが、平安時代前期の天安《てんあん》二年（八五八）、清和《せいわ》天皇が九歳で即位して以来、天皇は幼少で即位することが多くなる。年少の天皇では政務の是非を判断できないから、天皇の母方の祖父や伯叔父が天皇に代わって政務を執り行ったり、天皇を補佐するようになっていった。かれらに与えられた地位が摂政《せっしょう》・関白《かんぱく》（摂関《せっかん》）で、かれらが主導した政治を摂関政治という。摂関の地位は、従来の太政官制《だいじょうかんせい》のトップであった太政大臣《だいじょうだいじん》を凌《しの》いで貴族の首班となり、人事権の掌握などを通して、他の貴族たちを圧倒し、絶大な権力を握るようになったのである。

図1　藤原道長関係系図

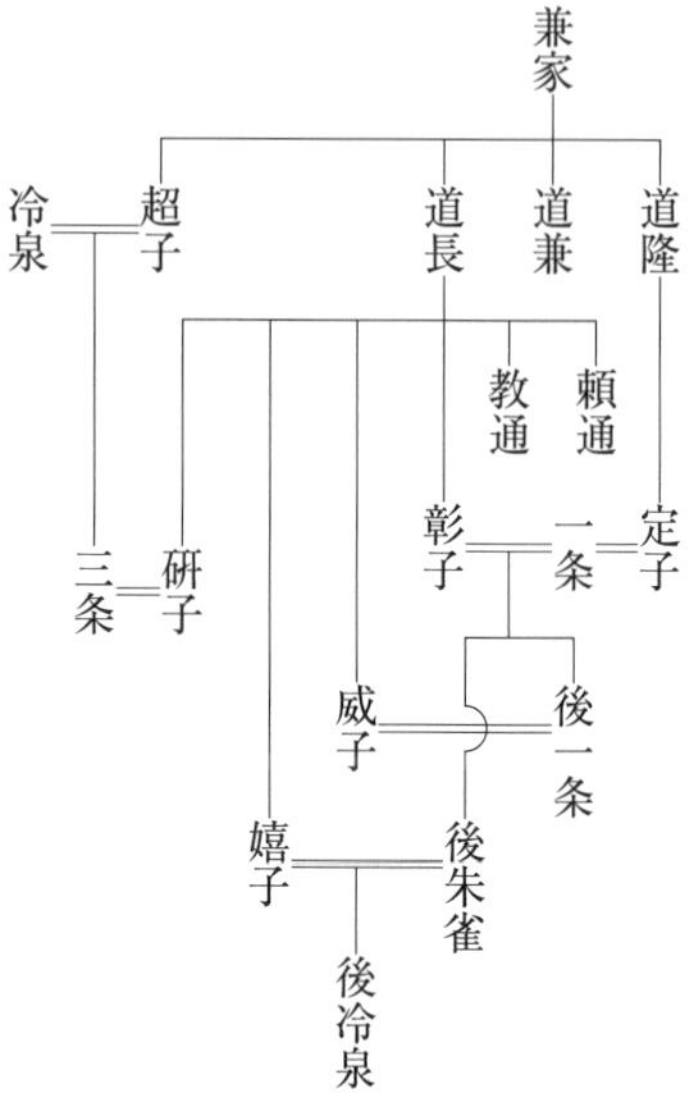

こうして天皇の外戚《がいせき》が政権を主導する体制が定着すると、貴族たちは競って娘を天皇の后妃《こうひ》として、皇子を生ませようとした。だが、天皇の側も、皇位を自分の子孫に伝えていくため、なるべく有力な貴族と結びつくことを望み、后妃を有力な貴族の娘から迎えようとした。また、天皇の母親も后妃選定に影響力をもち、なるべく自分に近しい一族の娘を后妃にしようとしたから、外戚の地位はしだいに特定の一族に限定されていった。

こうしたなか、外戚一族の長として三〇年以上、政権を主導し、摂関政治の絶頂期をつくりあげたのが、藤原道長《ふじわらのみちなが》である。道長は外戚一族とはいっても、最初から出世が約束されていたわけではなかった。かれの上には兄の道隆《みちたか》・道兼《みちかね》がおり、永祚《えいそ》二年（九九〇）、父兼家《かねいえ》は道隆に関白の地位を譲っていた。しかも、同年、道隆は娘定子《ていし》を一条《いちじょう》天皇の中宮《ちゅうぐう》に立てており、新たな外戚関係の構築も着々と進めていたのである。

図2 藤原道長(『石山寺縁起』石山寺所蔵)

ところが、道長は強運に恵まれていた。長徳《ちょうとく》元年(九九五)、長兄道隆が急死し、続いて関白となった次兄道兼も関白就任のわずか一一日後に没したのである。しかも、長保《ちょうほう》二年(一〇〇〇)、一条天皇の中宮に立てた娘彰子《しょうし》は、寛弘《かんこう》五年(一〇〇八)には敦成《あつひら》、翌年には敦良《あつなが》の二皇子を出産する。そして、長和《ちょうわ》五年(一〇一六)、敦成が即位して後一条《ごいちじょう》天皇となると、道長は外祖父《がいそふ》となり、摂政に任じられたのである。

道長といえば、「望月《もちづき》の歌」が有名である。長和六年、道長は摂政の地位を長男頼通《よりみち》に譲った。しかしながら、かれは、その後も天皇の外祖父として朝廷に君臨し続け、寛仁《かんにん》二年（一〇一八）には、外孫《がいそん》である後一条天皇の中宮に自分の娘威子《いし》を立てた。これによって太皇太后《たいこうたいごう》・皇太后《こうたいごう》・中宮の三后は道長の娘で占められることになった。この威子の立后《りっこう》儀礼の後の宴で、かれが詠んだ歌こそ、いわゆる「望月の歌」であった。

この世をば我世《わがよ》とぞ思ふ望月の虧《か》けたる事も無しと思へば

この世は我が世であり、満月のように欠けず、満ち足りているというのであるから、まさにこのとき、道長は絶頂にあった。それから九年後の万寿《まんじゅ》四年（一〇二七）、道長は六二歳で生涯を閉じたが、その後、長元《ちょうげん》九年（一〇三六）には彰子が産んだ敦良が即位して後朱雀《ごすざく》天皇となった。また、後朱雀は道長の娘である嬉子《きし》との間に皇子親仁《ちかひと》をもうけており、寛徳《かんとく》二年（一〇四五）、即位して後冷泉《ごれいぜい》天皇となった。後一条・後朱雀・後冷泉の三代はいずれも道長の外孫だったのであり、道長の栄光の余韻《よいん》は、かれの死後もなお四〇年以上続いたのである。こうしたなかで、道長の一族は、他の貴族たちとは区別され、圧倒的な地位を確立していった。

道長一族のその後

それでは、道長の一族はその後、どうなったのだろう。前述の通り、道長は長和六年、長男頼通に摂政を譲ったが、頼通はその後、治《じ》暦《りゃく》三年（一〇六七）まで約五〇年にわたり、摂政・関白の地位にあって政権を担い続けた。かれが摂関の任にあった時代は、道長の外孫である後一条・後朱雀・後冷泉の三代が天皇であった時代であり、頼通はまさに道長の栄光の余韻に浸り続けたといえるだろう。そのなかで、永承《えいしょう》七年（一〇五二）、かれは道長から譲られた宇治《うじ》の別業《べつぎょう》に、当時の文化の粋《すい》を集めた平等院鳳凰堂《びょうどういんほうおうどう》を建立した。

しかし、一方で頼通は、父道長のように、天皇との新たな外戚関係を構築することができなかった。かれは長元一〇年（一〇三七）、養女嫄子《げんし》を後朱雀天皇の中宮に立てたが、彼女は皇女二人しか産まず、長暦《ちょうりゃく》二年（一〇三九）、わずか二十四歳で亡くなってしまう。また、寛徳二年、後冷泉天皇が即位すると、治暦四年、実の娘である寛子《かんし》を中宮に立てたが、寛子は子を産まなかった。結局かれは外祖父になることはなく、治暦四年、ついに外戚関係にない後三条《ごさんじょう》天皇の即位を許してしまうのである。

そのうえ、後三条の跡を継いだ白河《しらかわ》天皇も、生母は道長の子孫ではなく、応徳《おうとく》三年（一〇八六）、白河は皇子の善仁《たるひと》親王（堀河《ほりかわ》天皇）に譲位して、院政を開始する。こうして天皇の外戚から転落した道長の子孫たちは、院によって政権も奪われて没落した、というのが常識的な見方と言ってよいだろう。欠け始めた月影は、もはやもとには戻らなかった、というわけである。

だが、かれらは本当に没落したのだろうか。かれらが道長と同じような権力を保持できなかったのは確かである。政権の担い手という意味では、院政の開始によって院に政権が移っていくのも確かだろう。しかし、重要なのは、道長の一族が、実は以後も一貫して摂関の地位を維持・継承し続けたという事実である。道長以前であれば、たとえば道長の伯父である兼通《かねみち》は関白になっているが、子孫は摂関を継承することができなかった。道長の兄である道隆・道兼も摂政・関白になったが、やはり子孫にそれを継承することはできなかった。これに対して、道長の子孫は天皇の外戚から転落しても、院政が開始されても、摂関の地位を維持しつづけ、幕末の最後の関白である二条斉敬《にじょうなりゆき》に至るまで、摂関は道長の子孫にほぼ独占され続けたのである。

また、そもそも摂関は貴族の首班であったから、道長の一族は、貴族のなかでも別格な位置づけを維持しつづけた。中世の貴族社会では、表1のように、家系ごとに出世できる最高官職（これを極官《ごっかん》という）が決められ、どこに生まれるかが昇進を決定づけた。このランクを家格《かかく》というが、そのトップである近衛《このえ》・鷹司《たかつかさ》・九条《くじょう》・二条《にじょう》・一条《いちじょう》の五家とは、摂関家つまり道長の直系子孫にほかならない。次のランクの清華家《せいがけ》の嫡男でさえ、最初に大臣に任じられるのは四、五〇代が普通であったのに、摂関家の嫡男は一〇代で大臣とな

表1　貴族の家格

家格	特徴的な昇進ルート	家名
摂関家	近衛大将→左右大臣→摂政・関白	近衛・鷹司・九条・二条・一条
清華家	近衛大将→左右大臣，太政大臣	久我・三条・徳大寺・西園寺・菊亭（今出川）・花山院・大炊御門・広幡・醍醐
大臣家	近衛中将→内大臣	中院・正親町三条・三条西
羽林家	近衛中少将→権大納言	正親町・滋野井・姉小路・清水谷・四辻・橋本・中山・今城・中御門・園・東園・鷲尾・油小路・櫛笥・庭田など
名家	蔵人・弁官→権大納言	日野・広橋・柳原・烏丸・甘露寺・葉室・勧修寺・万里小路・清閑寺・中御門・坊城など

下橋敬長述「維新前の宮廷生活」（『幕末の宮廷』〈東洋文庫〉平凡社，1979年）より作成

り、早い者は二〇代で摂関になった。いわば摂関家の昇進は超特急で、若くしてごぼう抜きにほかの貴族たちを追い抜いていったのである。

しかも、摂関家の特権は昇進の早さだけではなかった。中世の貴族が経済基盤としたのは荘園であったが、荘園支配のあり方も、摂関家と一般貴族では大きく異なっていた。一般に貴族がもつ荘園領主の地位は、最高領主職《りょうしゅしき》である本家《ほんけ》と、本家の下で荘園支配の権益を認められた領家《りょうけ》・預所《あずかりどころ》があったが、摂関家がもつ領主職は基本的に本家のみで、院の荘園であっても、領家に任じられ、「田舎《いなか》を知行《ちぎょう》」することは、「家の瑕瑾《かきん》（キズ）」とされた（『玉葉《ぎょくよう》』文《ぶん》

治《じ》元年〈一一八五〉九月二五日条）。ところが反対に、摂関家以外の貴族は本家になれず、かれらが荘園領主になるには、摂関家に奉仕して預所に任じてもらうしかなかった（岡野二〇〇二）。したがって、摂関家は荘園支配を媒介として、そのほかの貴族を従わせ、家政支配のなかにかれらを組み込み、編成していったのである。

本書の視角

それでは、道長の子孫＝摂関家は、なぜ院政開始後も没落することなく、中世へと発展することができたのだろう。従来、これについては荘園支配やその支配機構などから論じられることが多かったが（元木一九九六・佐藤二〇〇〇など）、本書は、それとともに、かれらの世襲する摂関という地位の特性に注目して考えたい。

冒頭でも述べたように、摂関の地位は、九世紀、幼帝《ようてい》の即位にともなって、天皇の母方の祖父や伯叔父が天皇に代わって政務を執り行ったり、天皇を補佐するために生まれたものであった。近年、この背景として、この時期以降、天皇の住まいである内裏《だいり》に、天皇とその母親である母后《ぼこう》が同居するようになったことが注目されている（吉川一九九八・東海林二〇一八）。しかも、母后が内裏に住むようになると、その父や兄弟たちも、内裏に直《じき》廬《ろ》と呼ばれる執務室をもち、内裏のなかに同居しはじめた。つまり、摂関政治の時代の天皇は、日常的に母方一族に囲まれ、かれらに守られて成長した。だからこそ、天皇はかれらを摂関として政務を委ね、その判断をかれらに諮《はか》ったのである。

一方、だとすると、問題は院政期以降である。前述の通り、道長の一族は、頼通の娘が皇子を産まなかったために、天皇外戚の地位から転落した。しかし、重要なのは、かれらがこれ以後も摂関として内裏に直廬をもち、天皇と同居し続けていたことである。しかも、天皇の母親が摂関の娘でなくても、摂関の娘や妻が養母とされ、内裏で天皇を後見する場合も多かった。つまり、確かに院政期の摂関は天皇にとって外戚ではないのだが、内裏に同居して日常的に天皇を支えるという点で、きわめて身近な存在であることに変わりがなかったのである。

たとえば、鳥羽《とば》天皇の即位に際して摂政に任じられた藤原忠実《ただざね》は、はじめての外戚ではない摂政であったが、鳥羽は院政開始後も忠実を重用し、娘の勲子《くんし》（泰子《たいし》）を皇后に迎えている。また、忠実の跡を継いだ長男忠通《ただみち》は、病弱だった近衛《このえ》天皇の死が近づくと、「己《おの》が力を以《もっ》て幼帝を立て、政《まつりごと》を摂《せっ》し以て威権《いけん》を専《もっぱ》らにせんと欲《ほっ》」しているとして、鳥羽法皇から警戒されている（『台記《たいき》』仁平《にんぴょう》三年〈一一五三〉九月二三日条）。現在でも「生みの母より育ての母」といわれるが、このような事実は、当時の天皇との関係においても、血縁だけが絶対ではなく、生育環境が大きな意味をもったことを物語っている。したがって、摂関家について考えるうえでは、摂関政治期のみでなく、院政期以降も天皇や天皇家との関係を見ていくことが欠かせないと思われるのである。

そこで、本書では、天皇の側にあって日常的に天皇を支える摂関という地位に注目し、天皇や天皇家との関係を通して、中世における摂関家の存在形態とその変化について見ていくことにしたい。近年、平成から令和への代替わりもあって、天皇や皇位継承の歴史への関心が高まっているが、右に見たことからすれば、天皇の歴史とは、ただ天皇家のなかだけで完結するものではあるまい。摂関家は摂関を世襲することで、代々が天皇の生育に関わり、最も身近な存在として、天皇を支え続けた。両者は密接な関係にあるのであり、摂関家の歴史について明らかにすることは、実は天皇の歴史を明らかにすることでもあるのである。

なお、本書に関係する摂政・関白の在任期間や摂関家・天皇家の系図は巻末にまとめた。適宜参照していただきたい。

摂関政治の時代

摂政・関白とは何か

まず、そもそも摂関とは何だったのだろう。一般に摂政は天皇が幼少の際、天皇の職務を代行し、関白は天皇の元服後、その補佐をするといわれる。だが、具体的に代行や補佐とは何をすることだったのか。ここでは最初にその点について確認しておきたい。

摂政の職掌

そこで、まずは摂政である。摂政の職掌は天皇の職務の代行だが、摂政が任じられていても、たとえば、即位式では、やはり天皇が玉座である高御座《たかみくら》に着座したように、何でもかんでも天皇の役割が摂政に置きかわったわけではない。摂政の担った主要な職掌としては、①官奏《かんそう》を受けること、②叙位《じょい》・除目《じもく》を主催すること、③詔書《しょうしょ》の御画日《ごかくじつ》・御画可《ごかくか》を代筆することがあった。このうち特に通常の政務において重視されたのが①と②である。

長和《ちょうわ》四年（一〇一五）、三条《さんじょう》天皇は眼病のため、政務を行うことが困難になり、左大臣藤原道長《ふじわらのみちなが》を摂政に准じて天皇の政務を代行させることになった。このときの道長の地位を准摂政《じゅんせっしょう》という。道長を摂政に准じて准摂政としたのは、摂政は天皇が幼少のときに置かれるのが先例であったが、三条天皇は、このときすでに四〇歳という年齢であったためである。それはともかく、ここで道長を准摂政とした宣旨《せんじ》には、「左大臣を以《もっ》て摂政に准じ、除目・官奏の事等を行わしめよ」とあった（『御堂関白記《みどうかんぱくき》』一〇月二七日条）。准摂政の職務の中身には、先に見た①の官奏と、②の除目があげられていたのである。

では、官奏とは何か。これは、天皇が諸国・諸司《しょし》から上申された文書を見て、決裁することである。日本の古代国家では、天皇が最高決定権者であるが、日常的な案件は太政官《だいじょうかん》で処理され、そこでは判断できない重要案件が太政官から天皇のもとに持ち込まれて決裁されることになっていた。官奏は平安時代中期には形骸化していたともいわれるが、三条天皇が数か月間、官奏を行えなかったとき、道長は「今の如《ごと》きは皇政廃忘《こうせいはいぼう》」とか、「国々の司《つかさ》等、愁吟《しゅうぎん》極まり無し」と語っている（『小右記《しょうゆうき》』長和四年八月二二日・九月七日条）。ここから考えれば、少なくともこの頃も、天皇による国家運営を象徴する政務として認識されていたことは確かだろう。長和四年一〇月二七日、道長は准摂政になると、同年一一月二八日、初めて官奏を受けることになり、太政官の事務官である左大弁《さだいべん》藤原経《つね》通《みち》が、道長の直廬《じきろ》（内裏《だいり》内の執務室）を訪れて、ここで官奏を行っている（『御堂関白記』）。道長は天皇に代わって太政官の奏上《そうじょう》を受け、決裁する立場に立ったのである。

次に叙位・除目だが、叙位は位階を授ける儀式、除目は官職を授ける儀式である。貴族社会における序列は位階と官職の高低によって決定されたから、叙位・除目は貴族たちにとって最大の関心事であった。官位の叙任権は天皇にあったが、天皇が幼少の場合、天皇が人事について判断することは困難なので、摂政が天皇に代わって執り行ったのである。

准摂政道長の場合、かれを准摂政に任じたのと同じ日、道長によって早速除目が執り行われ、かれの跡継ぎである頼通《よりみち》が左近衛大将《さこのえのたいしょう》に昇進している。この人事は道長の独断で決まったとして批判されているが、まさに道長の判断によって人事が決定されるのであり、人事権の掌握はかれによる貴族社会統制に決定的な効果を持ったとみてよいだろう。なお、右に見た准摂政の宣旨では、叙位のことは見えないが、長和五年正月、正式に摂政に任じられた道長は同年二月六日、直廬で叙位を執り行っている（『小右記』）。

このほか、前掲③詔書の御画日・御画可を代筆すること、についても見ておこう。詔書とは天皇の命令文書のうち、臨時の大事について出されるものをいう。詔書の発給には、複雑な手続きが必要とされていたが、天皇が直接文書に文字を記入するのは、詔書発給の責任者である上卿《しょうけい》が詔書を清書した黄紙《おうし》を奏上し、それを確認したときと、改めて作成された詔書の写本に参議《さんぎ》以上の公卿《くぎょう》が署名したうえで、再び大納言《だいなごん》が天皇に奏上（覆奏《ふくそう》）し、それを確認したときの二回あった。天皇は、前者では日付の一文字を記入したので、これを御画日といい、後者では「可」の一文字を記入したので、これを御画可といった。これも幼帝の場合は、天皇が書く代わりに摂政が代筆することになっていた。つまり、摂政は天皇の命令である詔書を天皇に代わって出すことができたのである。

これも道長の事例をあげておこう。長和五年正月、摂政となった道長は、後一条の即位にともない退位した三条上皇の尊号《そんごう》詔書発給にあたり、同年二月一三日の日記に「御画日、余《よ》、之《これ》を書く」と記し、三月九日の日記にも「可字を書く」と記している（『御堂関白記』）。三条上皇の尊号詔書は、道長の認可を得て発給されたのであった。

関白の職掌

つづいて関白である。関白の職掌として、第一にあげられるのが文書内覧《もんじょないらん》である。先述のように、日本の古代国家では、重要案件は天皇のもとに持ち込まれて、その決裁が仰がれた。だが、関白が置かれている場合、天皇に持ち込まれる事案は、天皇への奏上にあたり、前もって関白がそれを確認した。これが文書内覧である。たとえば、治安《ちあん》元年（一〇二一）一二月二七日、後一条《ごいちじょう》天皇は官奏を受けているが、このとき、天皇に奏上される文書は前もって関白頼通の邸に持ち込まれ、頼通の「奏《そう》すべし」との命令を受けてから、天皇への奏上がなされている（『小右記』）。つまり、天皇に奏上される文書は、まず関白のチェックを受け、ここをスルーした文書だけが天皇に奏上されたのである。

しかも、関白が内覧する文書は、官奏で奏上される諸国・諸司からの上申文書だけではなかった。寛弘九年（一〇一二）四月二七日、三条天皇は女御《にょうご》藤原娍子《せいし》を皇后とする立《りっ》后《こう》の儀を執り行った。だが、これが気に入らなかった道長は、立后を命じる宣命《せんみょう》の草案を内覧し、これが前例と異なっているとして、字句を細かに改めさせるという嫌がらせを行っている（『小右記』）。この頃、道長は関白ではなかったが、文書内覧の権限を許されていたのである。

また、この直後、道長は除目の清書も内覧している（『小右記』五月二日条、山本二〇〇三）。除目文書の内覧は一般的なものではなく、藤原実資の日記『小右記』には批判的に記されているが、立后宣命の事例もあわせて理解すると、これも最終的な決裁を前に、自分の意に沿わない人事があれば、前もって確認して改めさせることも可能であったということになるだろう。摂政と異なって関白は直接決裁は行えないが、天皇に奏上される案件を選別することで、天皇の決裁を制限し、それに自分の意志を反映させることができたのである。

このほか、関白の職掌としては「一人諮問」というものもあった（坂本一九九一）。これまでも見てきたように、天皇は成人すると自分で重要案件も決裁するようになるのだが、関白はその際に天皇の相談相手となり、意見を具申したのである。天皇が公卿から意見を聴取する方法には、公卿全員が内裏の左右近衛陣《このえのじん》や、同じく内裏清涼殿《せいりょうでん》の殿上間《てんじょうのま》に招集されて、そこで議論が行われるというもの（公卿議定。前者を陣定《じんのさだめ》、後者を殿上定《てんじょうさだめ》といった）と、公卿のうち限られたメンバーが天皇の御座所《ござしょ》に呼ばれて相談にあずかるものがあったが、摂関政治の時代には、後者の方法で天皇の相談相手となるのは、関白に限定されていた。関白は奏上される案件を選別し、天皇への奏上がなされた後も、さらに自分の意見を上申することで天皇の判断に影響を与えたのである。

准摂政と内覧

摂関に准じる地位として、准摂政や内覧というものもあった。これらについては、すでにこれまでも道長の事例を取り上げるなかでふれてきたが、ここではもう少しくわしく見ておこう。

まず、准摂政とは、天皇が成人しているときに、臣下を摂政に准じて政務を代行させたものである。前述したように、左大臣道長が准摂政に任じられたのは、三条天皇が眼病のため、政務を行うことが困難であるという非常事態に対応したものであったが、この後、准摂政は非常事態以外でもしばしば任じられるようになる。これは天皇の元服年齢が下がったためである。安和《あんな》二年（九六九）に即位した円融《えんゆう》天皇まで、天皇の元服年齢は一四、五歳が一般的であった。ところが、永祚《えいそ》二年（九九〇）、円融の皇子《おうじ》である一条《いちじょう》天皇は、一一歳で元服した。このとき、政務の実権を握っていたのは、円融の外祖父で摂政であった藤原兼家《かねいえ》（道長の父）であったが、かれはこの頃、病がちですでにその命は長くないと見られていた。そこで、兼家は外孫天皇の元服に立ち会い、自ら加冠《かかん》するため、無理して天皇の元服を早めさせたのである（兼家は半年後に死去している）。

だが、その後、一条天皇の後宮《こうきゅう》には道長の娘である彰子《しょうし》が入内《じゅだい》し、次々と皇子を出産するなど、この時代は道長の一族にとって吉例と認識されたため、一条天皇の元服はその後の天皇の模範となった。こうしたなかで元服年齢も一条天皇の先例が踏襲され、十一歳での元服が定着したのである。ただ、一一歳という年齢は、政務を自分で執り行うには若すぎる。そこで、元服にともなって、それまで摂政であった人物を関白とする一方、関白を准摂政にも任じて、一定期間、政務の代行を行わせることが一般化した。このような関白に対する准摂政の任命は、寛仁三年（一〇一九）一二月、後一条天皇の准摂政となった関白頼通が最初である。頼通は前年正月の後一条元服に際しても、二年間は摂政から関白に転任せず、関白に転じた後も二年間は准摂政として、天皇の政務を代行したのである（詫間一九九四）。

一方、内覧は、関白以外の人物に文書内覧の権限を認めたものである。長徳《ちょうとく》元年（九九五）三月、関白藤原道隆《みちたか》（道長の兄）が病に倒れると、一条天皇は、道隆の息子である内大臣伊周《ないだいじんこれちか》に、道隆の病の間という条件を付けて、文書内覧を認め、政務補佐を許した。このように、内覧は関白が病などで政務補佐することができなくなったとき、別人にこれを代行させる地位としても用いられたが、最も多いのは、大納言クラスの人物を登用する場合である。後述するように、摂関とは本来太政大臣に対して認められる職掌で、草創期には少なくとも大臣以上の官職にあることが摂関になる条件と理解されていた。一方で、摂関が急死などした場合、後継者と見られていた人物がいまだ大臣になっていないという こともあった。その場合、その人物を直接摂関には任じずにいったん内覧とし、その後、大臣に任じてから摂関としたのである。

　こうした事例として、わかりやすいのが、天禄《てんろく》三年（九七二）、内覧となった藤原兼通《かねみち》の事例だろう。この年一〇月二三日、兼通の兄伊尹《これまさ》が病のため摂政太政大臣を辞任した。すると、その直後の一〇月二七日、権中納言《ごんのちゅうなごん》であった兼通が円融天皇によって内覧に任じられた。そして、兼通は二年後の天延二年（九七四）二月二八日、太政大臣に任じられたうえで、翌月二六日、関白となったのである（倉本二〇〇三B。兼通の場合、天禄三年一一月二七日に内大臣に任じられたものの、この段階では関白には任じられなかった）。

　また、摂関は陣定をはじめとする公卿議定への参加ができなかったが、内覧はそれに参加できる点に大きな特徴がある。長徳元年五月八日、関白藤原道兼《みちかね》が急死すると、弟の権大納言《ごんのだいなごん》道長が内覧に任じられたが、道長は同年六月一九日、右大臣に任じられたにもかかわらず、関白にならなかった。道長は内覧の地位にとどまることで、天皇の政務を補佐するとともに、太政官の筆頭公卿として公卿議定を主催した。これによって、かれは天皇との関係に加え、太政官にも足場を置いて政権を主導するという盤石《ばんじゃく》の態勢を取ったのである（山本二〇〇三）。

このほか、摂関と密接な関係をもつ地位に藤氏長者《とうしちょうじゃ》がある。藤氏長者とは、藤原氏の代表者として氏全体を統括し、共有財産などを管理する役職である。これは氏のなかで官位が最上位の者がなるのが原則で、本来は摂関とは必ずしも一致しなかった。だが、後述するように、藤原兼家のとき、摂関が大臣から独立して官職のトップとしての位置を確定すると、摂関が藤氏長者になることが常態化し、藤氏長者職は摂関の交代にともなって継承されるものとなったのである（橋本一九七六）。

藤氏長者と殿下渡領

藤原氏には氏寺《うじでら》として奈良の興福寺《こうふくじ》、氏社《うじしゃ》として奈良の春日社《かすがしゃ》や京都の大原野社《おおはらのしゃ》、関東の鹿島社《かしましゃ》・香取社《かとりしゃ》などがあったほか、大和国《やまとのくに》には始祖藤原鎌足《かまたり》の墓所とされる多武峯《とうのみね》もあり、藤氏長者はこれらの寺社司の任命を行ったり、寺社で問題が起こった際には、氏公卿《うじくぎょう》を招集して会議を行ったりした。また、藤原氏には大学別曹《だいがくべっそう》（子弟教育のための寄宿舎）として勧学院《かんがくいん》があったが、これは藤氏長者による氏寺社統制機関としても機能し、長者の命令を執行したり、氏寺社に関する問題を調整する機能をもった（桃一九九四）。

摂関は天皇の詔《みことのり》によって任じられたが、藤氏長者は前任者からの譲り渡しによって継承されるのが基本で、継承にあたっては、長者印《ちょうじゃいん》や朱器台盤《しゅきだいばん》、蔒斤《まぐさのはかり》、荘牧渡文《しょうぼくわたしぶみ》といったものが受け渡された。長者印は文書発給に用いる印章、朱器台盤は饗宴《きょうえん》に用いられる食器とそれを載せる台である。蒭斤は馬草を量る秤《はかり》で、厩《うまや》の管理を象徴した。荘牧渡文は荘園の目録と券文《けんもん》で、藤氏長者職に付属した荘園を殿下渡領《でんかわたりりょう》と呼んだ。殿下渡領とは、基本的に藤原氏の氏の行事の財源となる荘園で、備前国鹿田庄《びぜんのくにしかたのしょう》・越前国方上庄《えちぜんのくにかたかみのしょう》・河内国楠葉牧《かわちのくにくすばのまき》・大和国佐保殿《さほどの》の四か所をさしたが、のち藤氏長者が摂関家に継承されるのにともなって、摂関家の家長が管理する法成寺《ほうじょうじ》領・平等院《びょうどういん》領や勧学院領なども殿下渡領のなかに含まれるようになった（橋本一九七六）。

摂政・関白の成立

太政大臣と摂関

摂政の職は、『日本書紀《にほんしょき》』では、神功《じんぐう》皇后や聖徳太子《しょうとくたいし》などにも見られるものであるが、これらは皇后や皇太子に天皇の職務代行を認めたものである。本書で問題にしている、いわゆる「人臣摂政《じんしん》」（臣下出身の摂政）は、九世紀後半の清和《せいわ》天皇のときに、藤原良房《よしふさ》が天皇の詔によって政務の摂行《せっこう》を認められたのが最初で、成立時期は、清和が即位した天安《てんあん》二年（八五八）説と、応天門《おうてんもん》の変が起こった貞観《じょうがん》八年（八六六）説の二通りがある。一方、関白は、元慶《がんぎょう》八年（八八四）、光孝《こうこう》天皇の即位直後、天皇が藤原基経《もとつね》に対し、政務諮問に預かることを命じたのが最初で、仁和《にんな》三年（八八七）、宇多《うだ》天皇が詔を発して基経の待遇を前代同様とするとともに、詔のなかでその職掌につい

図3　藤原良房と清和天皇（『伴大納言絵詞』出光美術館所蔵）

て「関《あずか》り白《もう》す」とあらわしたことから、これ以後、基経の地位は関白と称されることになった。

では、摂関はどうして生まれたのだろう。律令制では、朝廷の政務は太政官が担当することになっていたが、通説では、摂関はその首班である太政大臣の地位から派生的に誕生したと理解されている（橋本一九八六・吉川一九九八・佐々木二〇一一）。というのも、まず太政大臣の職掌は、天皇を補弼《ほひつ》し、太政官政務を統括するもので、摂関に近いものであった。また、最初に人臣摂政となった良房が太政大臣であったのをはじめとして、当初の摂関の多くは太政大臣を本官とする人物であった。元慶四年、基経は右大臣として摂政に任じられたが、「帯《お》ぶる所の官は、摂政の職に相当せず」として、太政大臣に任じられている（『日本《にほん》三代実録《さんだいじつろく》』一二月四日条）。つまり、右大臣は摂関には不相応だったのであり、摂関は本来太政大臣に対して認められる職掌であったと理解されるのである。

ただ、前述のように、摂政は天皇の職務を代行し、関白は天皇の決裁を制限するという、臣下の地位を超越した特別な権限をもっていた。

幼帝即位と摂政

なぜ九世紀後半、太政大臣はこのような大きな権限をもつことになったのだろう。

このうち人臣摂政の成立については近年、この時期の皇位継承との関係が注目されている（今二〇一四）。平安時代初期の皇位継承は、皇位継承資格をもつ皇子を一人に絞らず、皇位は兄弟間で継承されることが多かった。たとえば、桓武《かんむ》天皇は当初、弟の早良親王《さわらしんのう》を皇太弟《こうたいてい》にしていたし、桓武の皇子は平城《へいぜい》・嵯峨《さが》・淳和《じゅんな》の三兄弟が天皇になっている。この結果として、この時期には皇位継承資格をもつ者が拡大したのである。

しかし、一方でこのことは、皇位を継承する複数の家系（これを皇統という）を発生させることになり、貴族・官人たちはそれぞれの皇統に分かれて派閥を形成するようになった。そして、各派閥は皇位をめぐって争ったので、早良親王が首謀者として流罪とされた藤原種継《たねつぐ》暗殺事件（七八五年）や、平城が失脚し、皇太子高丘《たかおか》親王（平城の皇子）が廃太《はいたい》子《し》とされた薬子《くすこ》の変（平城上皇の変。八一〇年）、皇太子恒貞《つねさだ》親王（淳和の皇子）が廃太子とされた承和《じょうわ》の変（八四二年）など、皇位継承をめぐる政変が続発し、政権は不安定化した。

そこで、承和の変によって淳和の皇統が排斥されると、これ以降、皇統は嵯峨―仁明《にんみょう》の皇統に一本化され、皇位は直系に継承されるようになった。ところが、ここで仁明天皇の皇子である文徳《もんとく》天皇が天安二年（八五八）、三二歳で死去したことから問題が発生した。文徳の没後、皇太子惟仁《これひと》親王が即位して清和天皇となった。だが、清和は即位時点で九歳で、まだ元服もしていなかったのである。古代の天皇は、きわめて大きな権限をもち、政治的判断を要求されたので、それまでの天皇は成人になってから皇位を継承するのが通例であった。しかし、これが子どもでは、天皇の職務は務まらないし、政治的判断もできないので、このままでは政治・社会に混乱や停滞が生じてしまう。そこで、太政大臣である良房が摂政となって天皇の職掌を代行し、この政治的な危機を乗り越えることになった。これが天皇の職務を代行する摂政という特別な地位の誕生だったのである。

ところで、前述したように、人臣摂政の成立時期、つまり良房が摂政に任じられた時期をめぐっては、清和が即位した天安二年説と、応天門の変が起こった貞観八年（八六六）説がある。これは天安二年に摂政の詔が出されたという事実が正史である『日本三代実録』には見えないためだが、清和は貞観六年、一五歳で元服しており、天皇の職務を代行する摂政が貞観八年になって初めて任じられたというのは不自然である。そのため、貞観八年の摂政詔とは、天皇元服とともに摂政を辞退した良房を、この時点で再度摂政に任じて応天門の変にともなう危機対応にあたらせたものだったと理解される。応天門の変は、平安宮中枢部にあたる八省院《はっしょういん》（朝堂院《ちょうどういん》）の正門にあたる応天門が放火され、その容疑者として良房次席の左大臣源　信《みなもとのまこと》が疑われるという、国家の根幹を揺るがす大事件で、清和は良房に摂政として全権を任せることで、この難局を乗り切ろうとしたのである。

母后と摂政

このように、摂政とは文徳の没後、初めて登場した幼帝の即位に対応したものだった。しかし、それでは、なぜこのとき太政大臣良房が摂政になったのだろう。これは、いうまでもなく清和にとって良房が外祖父だったからである。清和の母は良房の娘明　子《あきらけいこ》だったのである。また、文徳の母であり、清和の祖母にあたる藤原順　子《じゅんし》も良房の妹であった。つまり、良房は清和と二重の外戚関係を結んでいたのである。

しかも、これは単に血縁だけの問題ではなかった。文徳までの天皇は即位すると、天皇

図4　九世紀の天皇・外戚関係系図

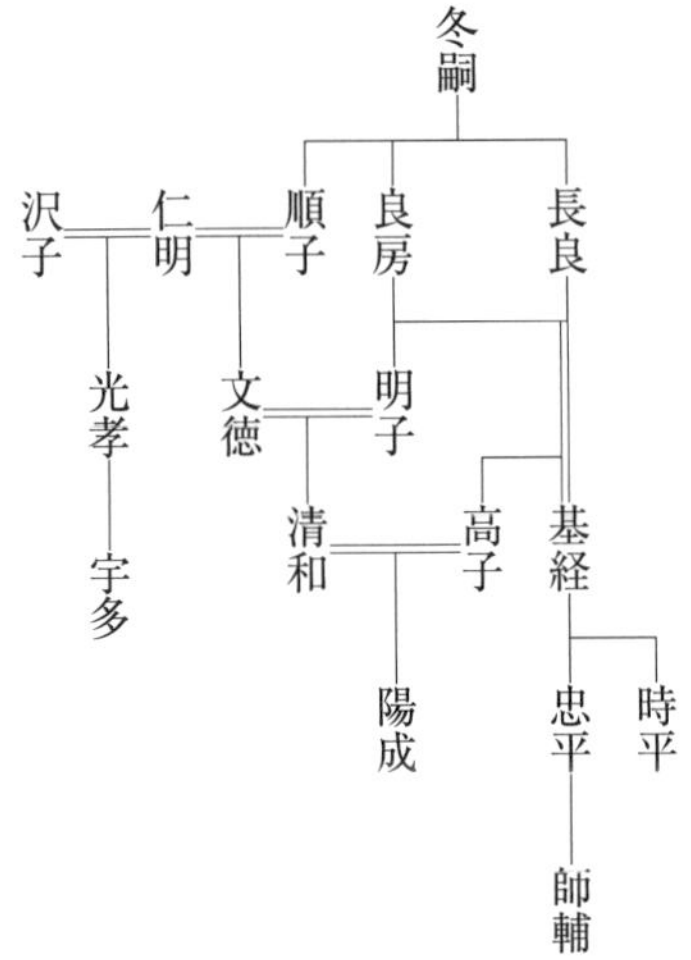

の宮殿である内裏に入り、父母と同居することはできなかった。ところが、清和の場合、未成年ということもあって、すぐには内裏には入らず、東宮《とうぐう》御所にあって明子や順子と同居したのである（東海林二〇一八）。そのうえ、彼女たちは最も身近な近親として、天皇の身の回りのことをサポートした。たとえば、即位当初、天皇の移動にあたっては、祖母順子が天皇と同じ輿《こし》に乗った。即位式にあたっても、順子は天皇の玉座《ぎょくざ》である高御座《たかみくら》の後方に座を占めて天皇に付き添ったらしい。これが母明子ではなく、祖母順子であったのは、清和の践祚《せんそ》（神器の受け渡し）の時点では、順子が皇太后であったのに対し、明子は正式な后妃の地位になかったためと考えられる。明子が即位式にあたって皇太夫人《こうたいぶにん》（のちの中宮《ちゅうぐう》）に立てられると、順子が東宮から退出して、入れ替わりに明子が東宮に入る。そして、天皇が元服し、内裏に入ると、明子も少し遅れて内裏に入った。彼女は成人後も同居して天皇を後見し続けたのである。

そして、天皇の近くにあって、天皇を日常的に後見する明子や順子を政治的に支え、後見するのが、その父・兄で太政大臣である良房であった。ここから考えるなら、良房が摂政となり、天皇の職務を代行するようになるのは自然な成り行きであろう。これ以降、母后《ぼ》と天皇との同居が一般化すると、母后はさまざまな政治的決定に関わるなど、天皇後見人として権力を拡大していくが、一方で母后はあくまで后《こう》妃なので、制度上は直接政治の表舞台に出ることはできず、その近親である外戚が母后の代理人として母后の意見を代弁した（服藤二〇〇五）。つまり、外戚は母后の分身だったのである。良房の場合、文徳が急死し、幼帝が即位するとともに、幼帝が頼れる近親が母や祖母しかいないというなかで、かれが彼女たちの分身となり、彼女たちと一体になって天皇を支えた。それ故かれは摂政として臣下を超越した特別な権限を認められたのである。

関白と上皇

さて、そうすると関白はいかにして成立したのだろう。最初に関白になった基経は良房の養子で、貞観一八年（八七六）、清和が退位し、基経の妹高子《たかいこ》を母とする陽成《ようぜい》天皇が即位すると、摂政となった。ところが、陽成は元慶八年（八八四）、病を理由に急遽《きゆうきよ》退位し（実際は近臣を殺害したためという見方が有力である）、基経は代わりに文徳の異母弟時康《ときやす》親王を即位させて光孝《こうこう》天皇とした。一方、光孝は即位時点で五五歳であったので、摂政を置く必要はなく、光孝が即位すると、基経の処遇をどうするかが問題になった。光孝としては自分の即位に功績のあった基経を厚遇する必要もあったため、基経に対して改めて政務諮問に預かり、百官を統率するよう命じた。

これが関白の最初であり、右のような成立過程から、通説では、関白とは本来的には摂政退任者に対する待遇であったと理解されている。摂政は天皇が幼少で、政務を行えないときに、天皇に代わって政務を執り行った。そうした天皇の代行者としての経験を活かして、天皇を補佐するのが関白、というわけである。光孝は基経と外戚関係になかったが、もともと皇位継承から離れた存在で、まさか自分が天皇になるだろうとは思ってても見なかっただろうから、まさに摂政経験者である基経のような補佐役が必要だったと考えられるのである。

ただ、そうだとすると、気になるのが上皇との関係である。いうまでもなく上皇は退位した天皇である。摂政が天皇の代行であり、関白がその退任者に対する待遇であったとすると、関白と上皇の性格はきわめて近いことになる。だが、そうすると、なぜ上皇という存在があるにもかかわらず、同じような性格の関白が発生し、定着したのか、ということになるだろう（なお上皇は正式には太上天皇である。古代史研究では太上天皇の語を用いることが多いが、本書では以下、全て上皇の略称で統一する)。

そこで、改めて注目したいのが、摂関政治成立期における上皇と天皇との関係である。そもそも上皇は、奈良時代まで、自分の天皇としての経験をもって天皇を指導、補佐して、天皇と同等の強い権限をもち、国政運営にもきわめて大きな力をもっていた。しかし、大《だい》同《どう》五年(八一〇)、嵯峨天皇と衝突した平城上皇が敗北して失脚すると、これ以降、天皇への権力集中が図られ、上皇の権力は制限されるようになっていった。とりわけ、弘《こう》仁《にん》一四年(八二三)、退位した嵯峨天皇は、内裏から出て冷然院《れいぜいいん》に移り、政務には関わらない姿勢を示した。これ以降、天皇は退位すると内裏から退出して後院《ごいん》(退位後の御所)に移るのが通例となり、上皇が内裏に入ること自体、タブーとされるようになったのである。

しかし、そうなると、この後天皇に対して、自分の経験をもって補佐したり、教育・指導できるものがいなくなってしまう。上皇は内裏に入れないから、天皇と日常的に接することができないのである。このことから考えると、関白とはそれまでの上皇の代わりでもあったといえるだろう。実際、摂政の主要な職務として、官奏を受けることがあったが、一一世紀以降、天皇が元服後、最初の官奏を受けるにあたって、関白から官奏の作法を教えられるという事例が散見する(遠藤二〇一三)。本来なら父から子へと受け継がれるべき秘伝が、天皇家では関白を介して伝えられたのである。基経の任関白は、突然天皇になった光孝の即位に対応した臨時的な措置であったが、それが定着したのは、このように以前ならば上皇に担われるべきだった役割を関白が代替したからだろう。

以上、摂政は幼帝即位にともなって天皇をそばで支えた母后の分身、関白はそれまで天皇を補佐・後見した上皇の代わりであった。いずれも平安時代以降の皇位継承や天皇家のあり方の変化のなかで、必要に応じて天皇を補完し、皇位継承や政務運営を円滑ならしめるための役職として発生した。それ故に、摂関は単なる臣下ではなく、臣下を超越した特別な権限をもったのである。

摂関政治期の〈摂関家〉

摂関継承と天皇外戚

それでは、そろそろ本題である摂関家の話に入ることにしよう。まず、摂関家はいつ成立したのだろう。摂関は良房・基経以降、かれらの子孫からしか任じられなかった。そのため、この一族をさして摂関家と称することも多いのだが、厳密にはこの一族を摂関家と呼ぶことはできない。表2は一一世紀までの摂関就任者について一覧にしたものである。摂関家とは一般に摂関職を世襲する一族であるが、表2を見ると、摂関職が父から子に譲られた事例は、兼家・道隆父子と道長・頼通父子の二例しかないことがわかる。この段階では、摂関職は父から子へと世襲するものとはなっておらず、摂関家といえるものはまだ成立していなかったと理解されるのである。

表2　摂関政治期の摂関

No.	氏名	在任期間	父	天皇との続柄
1	藤原良房	天安二（八五八）八・二七～貞観一四（八七二）九・二	冬嗣	外祖父（清和）
2	藤原基経	貞観一八（八七六）・一一・二九～寛平二（八八四）一二・一四	良房	外舅（清和・陽成）・非外戚（宇多）
3	藤原忠平	延長八（九三〇）九・二二～天暦三（九四九）八・一四	基経	外舅（朱雀・村上）
4	藤原実頼	康保四（九六七）六・二二～天禄元（九七〇）五・一八	忠平	非外戚（冷泉・円融）
5	藤原伊尹	天禄元（九七〇）五・二〇～天禄三（九七二）一〇・二三	師輔	外舅（円融）
6	藤原兼通	天延二（九七四）三・二六～貞元二（九七七）一〇・一一	師輔	外舅（円融）
7	藤原頼忠	貞元二（九七七）一〇・一一～寛和二（九八六）六・二三	実頼	非外戚（円融・花山）
8	藤原兼家	寛和二（九八六）六・二三～永祚二（九九〇）五・八	師輔	外祖父（一条）
9	藤原道隆	永祚二（九九〇）五・八～長徳元（九九五）四・三	兼家	外舅（一条）
10	藤原道兼	長徳元（九九五）四・二七～同五・八	兼家	外舅（一条）
11	藤原道長	長和五（一〇一六）一・二九～長和六・三・一六	兼家	外祖父（後一条）
12	藤原頼通	長和六（一〇一七）三・一六～治暦三（一〇六七）一二・五	道長	外舅（後一条・後朱雀・後冷泉）
13	藤原教通	治暦四（一〇六七）四・一七～承保二（一〇七五）九・二五	道長	外舅（後冷泉）・非外戚（後三条・白河）

一一世紀以前の段階で、摂関の父子継承がほとんど行われなかった理由については、兄弟での地位継承が一般的であったからという説も見られるが（平山一九八九・坂本一九九一）、それよりも重要なのは、摂関という地位の問題である。ここまで見てきたように、摂関は太政大臣に対して認められる職掌であり、天皇外祖父が娘である母后との関係から天皇の職掌を代行するのが摂政、そして摂政を務めた経験から前摂政が天皇を後見・指導

するのが関白であった。したがって、良房・基経以後、摂関になるには、原則として①天皇の外戚であり、②太政大臣であるという資格が必要とされていたのである。

このうち特に問題になるのは①で、一〇世紀後半以降、天皇外戚は内裏後宮に執務室である直廬を構えるようになり、天皇や母后との一体感をいっそう強めていた（吉川一九九八・東海林二〇一八）。一方で、この当時、天皇外戚と認識される範囲は、外祖父と外舅《がいきゅう》（外伯叔父）までであった。外祖父の摂関は、子が外舅になるので、子に摂関を継承させることが可能であったが、外舅である場合、子は外戚にあたらないから、子に摂関を継承させることはできなかったのである。改めて表2を見てみると、一一世紀までの摂関のうち、天皇の外祖父であったのは、良房のほかは兼家・道長のみであり、これが父から子に摂関を譲った事例に符合するのは、決して偶然ではあるまい。兼家・道長が子に摂関を継承できたのは、かれらが天皇の外祖父であったからであり、それ以外の摂関が父子継承できなかったのは、天皇の外祖父になれなかったからなのである。だとすると、この時期の貴族たちが天皇の外祖父の地位をめぐって激しく争ったのは、ただ外孫を天皇に即位させて権力を握るという以上に、こうした事情があったからといえるだろう。とりわけ天皇の外舅たちは、摂関になっても天皇の外祖父にならなければ、その地位の維持もできないのであるから、地位の父子継承を実現させるために、競って娘を入内させ、互いに激しい抗争を繰り返したのである。

そのうえ、さらに摂関継承を複雑にしたのが、この時期特有の皇位継承の方法である。すなわち、仁明天皇以降、皇位継承は直系継承が基本とされていたのだが、一〇世紀後半、冷泉《れいぜい》天皇は病弱で、弟の円融《えんゆう》天皇に譲位したため、この後皇統が冷泉皇統と円融皇統の二つに分立し、天皇は両統から交互に即位するようになったのである。これでは、娘を天皇の妻后《さいごう》とし、彼女が皇子を産んだとしても、もう一方の皇統には、すでに別の貴族が娘を天皇の妻后としているかもしれない。天皇の外祖父となって我が子に摂関職を譲ったとしても、天皇が交代してしまえば、外戚ではなくなる可能性もあるだろう。こうした状況にあっては、特定の一族が外戚としての地位を維持し続けるのは難しく、その権力は不安定なものにならざるを得なかったのである。

兼家の抗争と策謀

ところが、こうしたなかで、冷泉・円融の双方の皇統とも婚姻関係を構築し、権力の段階を一歩前進させたのが、藤原兼家である。ここでは、兼家の存在を通して、摂関政治期における摂関継承と天皇外戚の関係について具体的に見ていこう。

天皇外戚の一族は、基経の孫世代で、実頼《さねより》の小野宮流《おののみやりゅう》と師輔《もろすけ》の九条流《くじょうりゅう》に分かれるが、兼家はこのうち師輔の子である。師輔の娘である安子《あんし》は村上《むらかみ》天皇の皇后となって冷泉・円融を生んでおり、兼家は冷泉・円融のどちらにとっても外舅にあたる存在であった。

とはいえ、兼家の上には伊尹《これまさ》・兼通という二人の兄がおり、かれが摂関となって政権を握ることは、はじめから決まっていたわけではなかった。康保《こうほう》四年（九六七）五月、冷泉が即位すると、翌年、兼家は娘超子《ちょうし》を女御として入内させたが、前年九月には、兄伊尹も娘懐子《かいし》を天皇の女御として入内させていた。安和二年（九六九）、円融が即位すると、貞《じょう》元《げん》三年（九七八）、兼家は娘詮子《せんし》を女御として入内させたが、その前の天禄《てんろく》四年（九七三）には、兼通の娘媓子《こうし》が女御となっていた。兼家とその兄弟たちは、いずれも姉妹にあたる安子を後ろ盾にして、娘たちを両天皇の妻后として送り込み、次の天皇の外祖父の座をねらって骨肉の争いを繰り広げたのである。

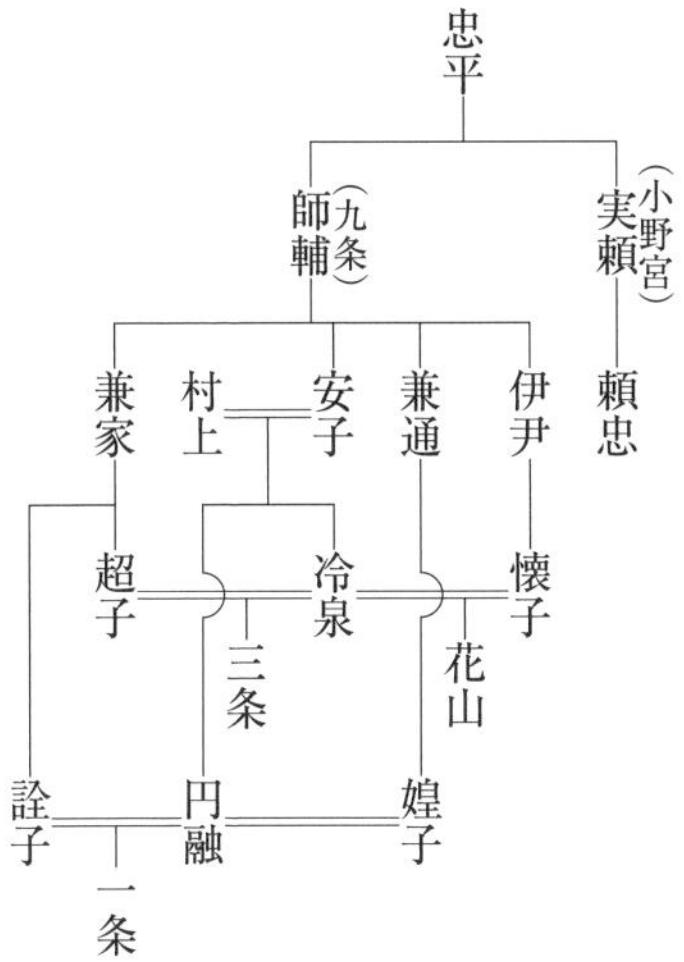

図5　天皇・九条流関係系図

しかも、三兄弟の娘で最初に皇子を産んだのは、長男伊尹の娘懐子であった。懐子の産んだ師貞《もろさだ》親王は、円融が即位すると皇太子となっており、摂政でもあった伊尹が天皇外祖父となるのは時間の問題だった。ところが、天禄三年、伊尹は四九歳で病に倒れ、外孫の即位を見ることなく没してしまう。この結果、伊尹は子に摂関を継承させることができなかった。また、伊尹の後は、兼通が内覧・関白となって、その娘媓子は円融の皇后となった。しかし、媓子と円融との間に皇子は生まれず、貞元二年、兼通も五三歳で死去した。こうして兼通も子に摂関を継承させることはできなかったのである。

だが、兄たちが死んでも、兼家はすぐに政権を握れたわけではなかった。兼通は以前から兼家を疎んじており、死ぬ間際、関白職を小野宮流の頼忠《よりただ》（実頼の子）に譲って、兼家の関白就任を妨害したのである（これはこのとき、兼家がまだ権大納言だったので、関白就任の条件を満たしていなかったということも大きい）。しかし、天元《てんげん》三年（九八〇）、兼家の娘詮子が円融の皇子懐仁《やすひと》を出産すると、天皇も兼家を放ってはおけなくなる。永観《えいかん》二年（九八四）、円融が退位し、冷泉の皇子師貞が即位して花山《かざん》天皇となると、懐仁は皇太子とされた。ここに兼家は天皇外祖父の地位に王手をかけることになったのである。

ただ、花山即位の時点で兼家も五七歳であり、懐仁の即位をただ待っているだけでは、外孫を皇太子にしながら、その即位を見ずに没した兄伊尹の二の舞になりかねない。そこで、兼家は子息たちと策謀を図り、花山を退位に追い込んでいった。花山は以前から仏道修行に関心をもっており、兼家二男道兼たちは、かれをそそのかして出家させ、皇位から退かせたのである。ここに寛和《かんな》二年（九八六）、皇太子だった懐仁が即位して一条天皇となり、兼家はその外祖父として摂政に任じられた。

しかも、一条が即位すると、兼家は花山の異母弟居貞《おきさだ》を皇太子とした。居貞の母親は兼家の娘超子であったから、居貞が即位すれば、兼家はここでも外祖父になるのである。前述のように、天皇外祖父になった摂関は良房以来であるうえ、冷泉・円融の両皇統と関係を結んで、天皇・皇太子の外祖父になったのであり、これによって兼家はこれまでにない強大な権力を獲得したといえるだろう。

こうした強大な権力を背景として、兼家が進めたのが、摂関の地位強化であった。前述のように、もともと摂関は太政大臣に対して認められる職掌であり、摂関に任じられる要件としても太政大臣である必要があったのだが、天皇外戚の地位が重視されるのにしたがって、外戚は太政大臣以外の大臣でも摂関に任じられるようになっていた。兼家も右大臣ながら摂政に任じられたのである。

しかし、そうなると貴族の序列上、摂関が最上位であるとは限らなくなる。実際、兼家の場合も、摂政就任時点で、かれの上には太政大臣で前関白の頼忠と左大臣源雅信《まさのぶ》がいたから、官位序列の上では、かれは摂政とはいっても朝廷のナンバー3にすぎなかったのである。そこで、兼家は摂政就任の翌月、摂政に在任したままで、右大臣を辞任し、大臣の序列から離脱するという大胆な策に出る。しかも、同年八月、三后《さんこう》（皇后・皇太后《こうたいごう》・太皇太后《たいこうたいごう》）に準じる待遇（准三后《じゅさんごう》または准三宮《じゅさんぐう》という）を認められ、一〇月には天皇から宣旨を下されて、三公《さんこう》（太政大臣・左大臣・右大臣）の上に列することを許された（一座《いちざ》宣旨）。これによって、摂関は大臣の地位から切り離され、貴族の最高官職としての地位を名実ともに獲得したのである。反対に、それまで官職のトップであった太政大臣の地位は低下し、役職のない形骸的なものになっていった（橋本一九八六）。

中関白家の栄光と没落

兼家は永祚《えいそ》二年（九九〇）七月二日に没したが、その直前の五月八日、関白を返上し、代わって長男の道隆が関白となった。兼家は天皇外祖父となったことで、初めて摂関の父子継承を達成したのである。

だが、兼家の跡を継いだ道隆は、摂関を子に継承させることはできなかった。かれも関白になると、娘を天皇の后妃として、天皇外祖父になることを図った。まず、正暦《しょうりゃく》元年

（九九〇）一〇月、姉である母后詮子の後押しの下、長女定子《ていし》を一条天皇の中宮として立后させた。また、正暦六年正月には、二女原子《げんし》を皇太子居貞の女御としている。しかし、一条の中宮定子が天皇の第一皇子敦康《あつやす》親王を出産したのは長保《ちょうほう》元年（九九九）一一月のことで、道隆は四年前の正暦六年四月、すでにこの世を去っていた。道隆は娘の出産を見ることができなかったのである。

しかしながら、かれは死ぬ前、跡継ぎである子息伊周への関白継承を強く望んだ。正暦六年三月、病に倒れた道隆は、自分の病の間、伊周が内覧となることを一条天皇に要請し、これを認めさせたのである。ところが、道隆が四月一〇日に没すると、一条は伊周の関白就任を拒否し、道隆の弟である道兼を関白に任じた。その後、道兼がわずか一〇日余りにして急死したため、伊周は再び自分を関白に任じるよう、一条に訴えた。だが、一条はこれも一蹴し、五月一一日、道隆・道兼の弟である権大納言道長が内覧に任じられることで決着した。このことは、この段階に至っても、やはり天皇外祖父でない場合、子への摂関継承が困難であった事実を裏付けるものだろう。父から子への関白継承は否定され、天皇外舅から天皇外舅に継承されることで落ち着いた。外戚一族の権力は、依然として天皇との関係に左右される不安定なものだったのである。

　このことは、道隆・道兼のあとをうけて内覧となった道長も同様で、かれも外祖父となるべく天皇との関係を構築しようとしたが、前途は多難であった。まず、一条は伊周を関白として認めなかったが、定子のことは依然として寵愛し続けていた。道長は外舅であるとはいえ、かれが内覧になったとき、一条と関係を結んでいたのは、道隆一家（これを中関白家《なかのかんぱくけ》という）だったのであり、定子が皇子を出産した場合、伊周が外舅となる可能性も残されていた。そして、伊周は定子を後ろ盾として、その後も道長と対立を続けたのである。

　ところが、この後伊周は自滅した。長徳《ちょうとく》二年（九九六）、伊周と弟隆家《たかいえ》の従者が花山法皇の従者と乱闘し、法皇を弓で射るという事件が起こった。これによって罪に問われた伊周・隆家兄弟は定子の二条御所に立てこもり、逃亡するなどして抵抗したが、結局捕まって左遷されたのである（長徳の変）。このことは結果的に定子の権威をも傷つけ、この直後、彼女は落飾《らくしょく》を余儀なくされた。

　こうして中関白家が没落すると、道長はようやく一条との関係構築を開始する。長保元年、娘彰子を入内させ、翌年彼女を中宮にしたのである。だが、彰子は中宮になったとき、まだ一三歳だったので、すぐに皇子を出産できるわけもなかった。このすきを見て、兼家の弟である公季《きんすえ》、兼通の子息である顕光《あきみつ》など、ほかの有力貴族も今がチャンスとばかりに続々と娘を入内させていった（倉本二〇〇三A）。

しかも、定子の落飾後も、一条の定子に対する寵愛は続いていた。前述したように、彰子入内と同じ長保元年には定子に第一皇子敦康が誕生したのである。翌年、定子は死去し、寛弘《かんこう》五年（一〇〇八）には、彰子が皇子敦成《あつひら》を出産したが、定子の忘れ形見である敦康に対する一条の思い入れは強く、一条は没するまで敦康の立太子《りったいし》にこだわり続けた。一条天皇の宮廷では、道隆没後も中関白家の残像が払拭《ふっしょく》されず、道長はなかなか天皇との関係を独占するまでに至らなかったのである。

道長の覇権と御堂流

寛弘八年五月、病床の一条は、ついに道長の外孫である敦成の立太子を認め、同年六月一三日、冷泉皇統の皇太子居貞（三条天皇）に譲位して同二二日に死去した。これによって敦成は皇太子となり、道長は天皇外祖父に王手をかけた。しかし、ここに立ちふさがったのが、三条天皇である。三条の母は兼家の娘超子であったから、道長は三条の外舅にあたる。ところが、一条の母詮子が道長の後ろ盾となり、一条と道長の間を結ぶ役割を果たしていたのに対し、超子はすでに天元五年（九八二）に没しており、三条には道長のコントロールがきかなかったのである。

しかも、三条はすでに藤原済時《なりとき》（師輔の弟師尹《もろまさ》の子）の娘娍子《せいし》との間に皇子敦明《あつあきら》をもうけていた。道長も寛弘七年、娘妍子《けんし》を当時皇太子だった三条の女御として入侍《にゅうじ》させ、三条が即位すると彼女を中宮にしたのだが、三条は即位後も娍子を皇后にして寵愛し続けた。長和《ちょうわ》二年（一〇一三）、妍子は懐妊したが、生まれたのは皇女（禎子《ていし》内親王）であったため、結局道長は三条とは強固な関係を築くことができなかった。

道長としては敦成を即位させるため、三条の早期退位を望んだのだが、三条は拒否したので、両者は人事などをめぐり、ことあるごとに対立した。しかし、前述したように、長和四年以降、三条は眼病を患って政務を行うことが困難になる。これを見た道長は三条に退位を促し、翌年、三条はついに退位した。ここに敦成が即位して後一条天皇となる。道長は晴れて念願の外祖父となり、摂政に就任したのである。

だが、長和六年三月、道長は就任から一年余りで摂政を退任し、その地位を長男頼通に譲ってしまう。生前に子息に摂関職を譲ったのは、父兼家の場合も同じだが、兼家の場合、道隆に摂関を譲ったのは死の直前（約二か月前）だった。道長の場合、摂政退任はかれが没する約一〇年も前のことであり、退任はその健康状態とは直接関係がなかったと考えられる。これについては、摂関職の世襲化を意識したものであったとする理解があり、それは恐らく妥当だろう。兼家は死ぬ間際に道隆に摂関を譲ったが、道隆はそれを子に継承させることができなかった。このことから考えると、道長が早期に摂関を退任し、頼通に譲ったのは、これによって頼通への世代交代を促すとともに、その後も頼通の世代の権力のあり方や、天皇との関係構築にまで関与して、子孫への摂関継承に道筋をつけようとするねらいがあったものと理解されるのである。

事実、頼通が摂関になった後も、道長は大殿《おおとの》と称して政権を主導し続け、寛仁《かんにん》二年（一〇一八）、娘威子を後一条の中宮として入内させ、寛仁五年には、同じく娘の嬉子《きし》を皇太子敦良《あつなが》（のちの後朱雀天皇）の妃として入侍させた。これは頼通が娘に恵まれなかったためでもあるが、道長はこうすることで天皇の后妃の地位を独占し、後一条の後も他の一族が外戚になる可能性を排除したのである。

そもそも後一条即位の後、皇位継承のあり方も大きく変わっていた。三条は退位と引き換えに、皇子敦明を皇太子とすることを道長に飲ませたが、寛仁元年、三条が没すると、後ろ盾を失った敦明は皇太子の地位を辞退した（かれは代わりに院号を与えられて、小一条院《こいちじょういん》と称した）。そして、代わって皇太子となったのは後一条の同母弟である敦良だったので、皇統は以後、円融皇統に一本化されたのである。

前述のように、皇統の分立は、特定の一族が天皇外戚の地位を維持し続けることを妨げる障碍《しょうがい》となっていたが、皇統の一本化によって道長にはもはやその障碍はなくなったといえるだろう。そのうえで道長は娘を後一条・皇太子敦良の后妃とすることで、皇位継承者を縁戚として完全に囲い込み、一族と天皇家との一体化を強めていったのである。こうしたなかで、公卿の上層も、道長の子孫や一族で占められるようになり、道長一族は、そ

図6　法成寺跡と同出土軒丸瓦
（京都府立鴨沂高等学校所蔵）

の他の貴族とは区別された、特別な存在として認識されるようになっていった。

そして、このことを象徴するのが、寛仁四年、道長が自邸土御門殿《つちみかどどの》の東側に建立した法《ほう》成寺《じょうじ》（当初は無量寿院）とそこでの仏事である。それまでは天皇や后妃・外戚が亡くなると、その菩提《ぼだい》を弔うための追善《ついぜん》仏事は藤原忠平《ただひら》（基経の子）が洛外東山に建立した法性《ほっしょう》寺《じ》とその子院《しいん》で行われることが多かった（たとえば、定子や三条上皇の追善仏事も毎年ここで催された）。法性寺は忠平の子孫全体によって運営される寺院であり、このことは、これまでは天皇がこうした一族のなかにゆるく包摂されていたことを示すものといってよいだろう。

ところが、道長が法成寺を建立すると、以後、天皇と后妃の仏事は、法性寺ではなく、法成寺で行われることが多くなる。法成寺は道長一族によって運営される寺院であり、このことは、この頃には天皇や后妃が道長の一族のみと一体化し、ほかの貴族たちからは切り離されたことを可視化するものと考えられるのである（樋口二〇一二）。この法成寺が「御堂《みどう》」と称されたため、道長はのち「御堂殿《みどうどの》」と称され、道長の一族も「御堂流《みどうりゅう》」と呼ばれた。本書でも以下、道長一族を御堂流と称して、他の藤原氏と区別することにしよう。これこそがのちに続く摂関家の原型となるのである。

院政の時代

頼通・教通と後三条天皇

道長の後継者

後一条《ごいちじょう》天皇の時代、皇位継承は円融皇統《えんゆうこうとう》に一本化されるとともに、皇位継承者は道長《みちなが》の外孫《がいそん》に限定された。また、その后妃《こうひ》も道長の娘たちで占められて、天皇家は御堂流《みどうりゅう》との一体化を強めていった。こうしたなかで道長は頼通《よりみち》に摂政を譲り、摂関の世襲化へ道筋を示したわけだが、それではこれによって御堂流は摂関家になったのだろうか。これについては、道長の時期に摂関家の成立を認める見解も多いのだが、筆者はこれを認めない。というのも、一つは後述するように、頼通も天皇外祖父《がいそふ》になれず、子息への摂関継承ができなかったからである。頼通の時代も依然として摂関は天皇外戚《がいせき》の地位と結びついており、父子間で自由に継承できなかったのである。

そして、もう一つは道長の後継者の問題である。道長は摂政の地位を頼通に譲った。したがって頼通が後継者であったのは明らかだが、実は道長にはもう一人の後継者がいた。それが頼通と同じく正妻源倫子《りんし》を母とする教通《のりみち》である。頼通は長保《ちょうほう》五年（一〇〇三）、元服と同時に正五位下《しょうごいのげ》で叙爵《じょしゃく》した（叙爵は五位に叙《じょ》されること。五位以上は貴族と見なされたので、貴族の仲間入りを意味した）。この頃、一般公卿《くぎょう》でも元服と同時に叙爵することが多くなっていたが、通例、叙爵時の位階は従五位下《じゅごいのげ》であった。頼通の叙爵はそれより二段階上という破格なもので、親王《しんのう》と同等の待遇であったとされる（服藤一九九一）。だが、教通も頼通元服の三年後、頼通と同じく元服と同時に正五位下で叙爵し、頼通とほぼ同様の早さで同様のルートをたどって昇進していた。つまり、道長は頼通と教通の二人を後継者とし、両者が摂関となることを構想していたのである。このままでは、道長以前の外戚一族と同様、御堂流も頼通と教通に分裂し、互いに抗争することになるだろう。

だが、ここで注目されるのが、この頃の皇位継承である。前述したように、三条《さんじょう》天皇の皇子《おうじ》である敦明《あつあきら》が皇太子を辞退したことで、冷泉《れいぜい》・円融《えんゆう》の二つの皇統《こうとう》は円融皇統に一本化された。しかし、道長はその後の皇太子に、後一条の同母弟である敦良《あつなが》（のちの後朱《ごす》雀《ざく》天皇）を立てていた。つまり、道長の後、頼通・教通の二人が後継者になり、御堂流が二つに分かれたのと同じように、天皇家も後一条の皇統と敦良の皇統に分かれる可能性が生じていたのである。ここから考えれば、頼通・教通はそれぞれ別の皇統と姻戚関係を構築すればよいのだから、両者は衝突することはないだろう。また、もし頼通が天皇の外祖父になることができなくても、教通が外祖父になることができれば、摂関は教通の子孫に継承していくことができる。道長は皇統を二つに分け、二人の後継者をそれぞれに結ばせることで、子孫が外戚関係を失うリスクを回避しようとしたと考えられるのである。

頼通・教通兄弟の対立

ところが、この後の展開は道長の思惑通りに行かなかった。万寿《まんじゅ》四年（一〇二七）、道長は没したが、それから九年後の長元《ちょうげん》九年（一〇三六）、後一条天皇が一人の皇子も残さずこの世を去ったからである。これによって皇統の分立はなくなり、皇位継承は後一条に代わって即位した後朱雀天皇（敦良）の子孫に一本化されることになったのである。

だが、そうなると、頼通と教通の関係は微妙なものになる。道長が頼通・教通の二人を後継者としても、両者が円満にやっていけるのは、皇統が二つに分裂する予定だったからであった。ところが、皇統が後朱雀の子孫に一本化されてしまうと、頼通・教通の両者は、同じ天皇に娘を入内させることになり、利害がぶつかってしまうのである。

事実、頼通は敦康《あつやす》親王（一条天皇皇子）の娘嫄子《げんし》を養女に迎え、長元一〇年、彼女を後朱雀の中宮《ちゆうぐう》とした。だが、長暦《ちようりやく》三年（一〇三九）八月、嫄子が皇子をもうけないまま亡くなると、教通が娘を入内《じゆだい》させようとし、このことに頼通は強く反発した。後朱雀が教通娘の入内を進めようとしたところ、頼通はこれを妨害し、政務をボイコットしようとしたのである（『春記《しゆんき》』長暦三年一一月二二日・二八日条）。

結局、教通の娘生子《せいし》は、この年の閏《つるう》一二月、女御《にようご》として入内した。だが、寛徳《かんとく》元年（一〇四四）、教通が生子の立后《りつこう》を図ったのに、頼通がこれに反対し、立后が頓挫《とんざ》するなど、この後も兄弟は生子をめぐっていがみあった（『栄花物語《えいがものがたり》』巻三六）。頼通の行動は大人げないといわれても仕方がないものだが、それだけ教通に先を越されることに危機感をもったということだろう。

その後、結果的に生子も後朱雀の皇子を生むことはなく、寛徳二年、後朱雀は病に倒れて、頼通・教通の妹である嬉子《きし》が生んだ親仁《ちかひと》に譲位した。だが、親仁が即位して後冷泉《ごれいぜい》天皇となると、またも頼通・教通は自分の娘を後冷泉の後宮《こうきゆう》に入れようとしてぶつかった。永承《えいしよう》二年（一〇四七）、教通は三女歓子《かんし》を入内させたが、その三年後の永承五年、頼通も実の娘である寛子《かんし》を入内させた。しかも、寛子が入内の翌年には皇后となったのに対し、歓子が皇后になったのは治暦《じりゃく》四年（一〇六八）で、前年、頼通が関白を辞任したことを受けてのものだったと考えられる。頼通は関白在任の間、ずっと歓子の立后を拒み続けたのである。

頼通子息のスピード昇進

一方で、この兄弟対立は副産物をもたらした。頼通は教通との対抗関係上、子息に異例なスピード昇進を遂げさせたため、頼通の子息と教通の子息との格差が明確になったのである。頼通は正妻源隆姫《たかひめ》に子どもが生まれず、長らく跡継ぎに恵まれなかった。だが、万寿二年、側室の源憲定女《のりさだむすめ》との間に待望の実子通房《みちふさ》が誕生すると、通房は頼通・教通が一八歳で任じられた権中納言《ごんのちゅうなごん》に一五歳で、頼通が二二歳、教通が二四歳で任じられた権大納言《ごんのだいなごん》に一八歳で任じられるなど、異例のスピード昇進を続けたのである。

ただ、長久五年（一〇四四）、通房は二〇歳という若さで急死してしまう。突然の息子の死に頼通は悲嘆に暮れたが、幸いにも頼通にはこの二年前、藤原種成《たねなり》の娘祇子《ぎし》を母とする二男師実《もろざね》が生まれていた。師実は天喜《てんぎ》元年（一〇五三）四月に元服すると、通房に代わる後継者として、通房以上のスピード昇進を遂げていく。師実の元服は一二歳で、通房より一年遅かったが、権大納言の任官は天喜六年、一七歳の年で通房より一年早い。しかも、師実は康平《こうへい》三年（一〇六〇）、一九歳で内大臣《ないだいじん》となり、権大納言として二〇歳で没した通房の記録を塗り替えていった。

そのうえで、注目すべきは、この師実の異例なスピード昇進が、先例として子孫たちに踏襲されていったことである。師実は天喜三年、一四歳で従三位に叙され、公卿となったが、これは「家例」として師通《もろみち》・忠実《ただざね》・忠《ただ》通《みち》に受け継がれていったことが指摘されている（高橋一九九六。表3参照）。本来、師実のスピード昇進は、教通の存在に危機感を抱いた頼通による異例のゴリ押しであったはずだが、この後、先例として定着し、結果、頼通の後継者たちの官位昇進は特別なものになっていったのである。この段階ではまだ摂関と天皇外戚が分離しておらず、摂関の父子継承も自明ではないのだが、後継者の地位が明確になったという点で、こ

表3　摂関家家嫡の昇進ルート（藤原忠通の場合）　※〈太字〉は摂関家家嫡を象徴する官位

年齢	位階	官職	衛府兼官
11	正五位下		
			右近衛少将
			右近衛権中将**〈五位中将〉**
	従四位下		
12	正四位下		
14	従三位		**〈三位中将〉**
	正三位		
15		権中納言	**〈中納言中将〉**
	従二位		
16	正二位		
18		権大納言	
		内大臣	
23			左近衛大将
25		関白	

の一族は新たな段階に至ったといえるだろう。

教通の関白就任

しかし、一方で頼通は師実に摂政を継承させることはできなかった。治暦三年（一〇六七）一二月、頼通が関白を辞任すると、翌年四月、結局教通がその後任の関白に任じられるのである。なぜ頼通は教通と対立しつづけたのにもかかわらず、最終的に教通が関白になったのだろう。鎌倉時代に作成された説話集である『古事談《こじだん》』には、道長が頼通に対して、遺命で教通への摂関譲与を指示していたとされ、頼通が師実に関白を譲与しようとしたところ、姉の上東門院《じょうとうもんいん》彰子《しょうし》がこれに反対し、遺命通り教通に譲られることになったという話が見える（巻第二―一二一・六一）。

だが、これは実際には、かれが天皇外祖父になれなかったためだろう。頼通は天皇の外《がい》舅《きゅう》であり、外舅は新たに天皇との関係を結び直して外祖父にならなければ、その地位を子孫に伝えていくことはできなかった。ここまで見たように、頼通は後朱雀に嫄子、後冷泉に寛子を入内させたが、両者とも皇子を生むことはなく、かれは外孫の誕生を見ないままに老いていった。頼通は七〇歳に近づくにつれ、病をわずらうことが多くなったが、天皇外祖父でないために子に関白を譲ることは許されず、同じ外舅である教通に関白を譲るしかなかったのである。このことは、かれの権力が依然として天皇とのミウチ関係に左右される不安定なものであったことをあらわすものといえるだろう。なお、頼通が病を得ても、七六歳になる治暦三年まで関白辞任さえ許されなかった背景としては、後冷泉天皇が頼通に依存していたことが指摘されている（海上二〇二〇B）。

一方、教通は関白を継承し、娘歓子を後冷泉の中宮として立后させたが、先述の通り、彼女もやはり天皇の皇子をもうけることはなく、教通任関白の直後、後冷泉は死去した。ここに皇太弟尊仁親王《こうたいていたかひと》が即位して、後三条天皇となった。だが、後三条の母親は、三条天皇と道長の娘妍子《けんし》の間に生まれた皇女禎子《ていし》内親王で、頼通・教通は外祖父にも外舅にもあたらなかった。道長が後一条の外祖父となって以来、後朱雀・後冷泉と天皇外戚の地位を独占してきた御堂流は、これによって天皇外戚の地位から転落したのである。

後三条天皇と御堂流

御堂流を外戚にもたない後三条の登場によって、御堂流は衰退し、抑圧された、というのが通説である。だが、近年の研究では、後三条の母禎子内親王も母妍子の没後、上東門院によって後見されるなど、後三条も御堂流を中心とした環境のなかで生育しており、決して御堂流と疎遠な関係にあったわけではないことが明らかにされている（坂本一九九一・服藤二〇一九）。そもそも、後三条が即位したからといって、教通は関白の座から追われたわけではない。後三条の母は皇女であり、教通に代わる有力な外戚をもたなかったのである。このような場合、むしろ重要なのは、後三条自身やそのあとの皇位継承者が誰と関係を結んだかであろう。

そこで、後三条の后妃について見てみると、かれは永承元年（一〇四六）、藤原茂子《もし》を東宮妃《とうぐうひ》（皇太子妃）に迎えていた。茂子は権大納言藤原公成《きんしげ》（兼家《かねいえ》の弟・太政大臣公季《だいじょうだいじんきんすえ》の孫。この一族を閑院流《かんいんりゅう》という）の娘で、頼通・教通の異母弟能信《よしのぶ》の養女となっていた。能信は後三条が皇太子だったときの東宮大夫《とうぐうだいぶ》（皇太子の家政機関である東宮坊《とうぐうぼう》の長官）で、後三条はかれを頼りにしていたのである。能信は後三条即位以前の康平八年（一〇六五）、七一歳で没したが、後三条が即位すると、その養子である能長《よしなが》（実父は能信の同母兄頼宗《よりむね》）が皇太子貞仁《さだひと》の外舅として東宮大夫に任じられ、また延久《えんきゅう》元年（一〇六九）には、能長の娘である道子《どうし》が東宮妃とされた。後三条は即位後、能信流との結びつきをいっそう深めていったのである。能信流も御堂流の一族ではあるのだが、このままいけば、御堂流の主流が頼通・教通流から能信流に交代することも十分あり得ただろう。

ところが、この後、後三条は突如として頼通流に接近しはじめる。延久三年三月九日、師実の養女賢子《けんし》を貞仁の妃に迎えたのである。賢子の実父は村上源氏《むらかみげんじ》の源顕房《あきふさ》だが、その父師房《もろふさ》は頼通の正妻隆姫の弟で、頼通の養子に迎えられており、御堂流の一族と認識されれていた（橋本一九八六）。これによって、頼通流は後三条や貞仁とは外戚関係にないものの、将来的には天皇外祖父の地位を獲得するチャンスを得たことになる。事実、貞仁即位後の承保《じょうほう》元年（一〇七四）、賢子は皇子敦文《あつふみ》を産み、師実は天皇外祖父への足がかりを得た。

それでは、なぜ後三条は頼通流に接近したのだろう。これは、恐らく延久三年二月一〇日、源基子《きし》が後三条の皇子実仁《さねひと》を出産したことが関係するだろう。基子の父基平《もとひら》は小一条院敦明《こいちじょういんあつあきら》親王の皇子で、後三条にとって母方のいとこにあたり、基子は後三条に非常に寵愛されていた。のち貞仁が即位すると、実仁が皇太子とされており、実仁が生まれると、後三条はかれへの皇位継承を構想しはじめたと考えられるのである。

しかし、後三条はすでに貞仁を皇太子にしていたから、さらにその弟実仁の即位を図るとなると、皇位継承は混乱する恐れがあるだろう。そもそも有力な後ろ盾をもたない後三条が、貴族たちの反対を押し切ってまで、強引な皇位継承を進められたとは思えない。そこで、後三条は当時、政権上層を占める頼通流と結ぶことで、実仁への皇位継承を確実なものとしようとしたのではないだろうか。もっとも賢子が妃となったのは貞仁の方だが、のち貞仁が即位し、実仁が皇太子となると、師実は東宮傅《とうぐうふ》（皇太子の補佐・養育係）となっているから、かれは実仁の養育にも関わっていたものと見られる。つまり、後三条は師実に貞仁・実仁の双方と関係をもたせ、師実の保護下に貞仁から実仁への皇位継承を達成しようとしたものと理解されるのである。

こうして貴族層の支持を固めた後三条は、翌延久四年一二月、貞仁に譲位する。貞仁は即位して白河《しらかわ》天皇となり、実仁が皇太子となったのである。

白河天皇と師実

では、教通流はどうなったのか。教通は後三条の下でも関白を務めたが、後三条との関係構築という点では、完全に能信流や頼通流に先を越されたと言わざるを得ないだろう。頼通流が後三条と対立するなか、教通流が後三条と結び、頼通流と対抗しようとしたという議論もあるが（保立一九九六）、それでは後三条の支持の下、賢子が東宮妃となったことが説明できない。後三条の皇位継承構想の下、実仁が即位したとしても、教通流の没落は時間の問題だったはずである。

こうしたなか、延久六年、頼通が宇治で八三年の生涯を閉じると、翌承保二年（一〇七五）、教通も八〇歳で亡くなった。二人とも当時としては異例の長寿である。頼通は関白を弟に渡したくない一心で、五〇年も関白の地位にとどまり続け、教通も甥の師実に関白の地位を奪われたくないばかりに生き長らえたのであろう。

教通の子には信長《のぶなが》がいたが、関白頼通の時代、長年虐《しいた》げられており、師実と比べると、その昇進スピードは特別なものではなかった。教通が死去すると、信長は教通の薨奏《こうそう》（亡くなったことを天皇に報告すること）を行わず、藤氏長者《とうしちょうじゃ》に継承される朱器台盤《しゅきだいばん》の引き渡しを渋るなど、師実への権力の委譲に抵抗したが（『水左記《すいさき》』承保二年九月二六日条、一〇月二日条）、それも空《むな》しく、師実は関白・藤氏長者となるのである。以後、教通流は没落し、御堂流で頼通流に対抗するような勢力は消滅した。そこで、本書では以下、頼通流のことを摂関家と呼ぶことにしよう（なお、これにともない、頼通流＝摂関家の後継者についても「家嫡《かちゃく》」とあらわし、個人ごとの後継者である「嫡男」と区別する。また、家嫡に継承されるべき地位は「家督」とあらわしたい）。

図7　天皇家・御堂流関係系図

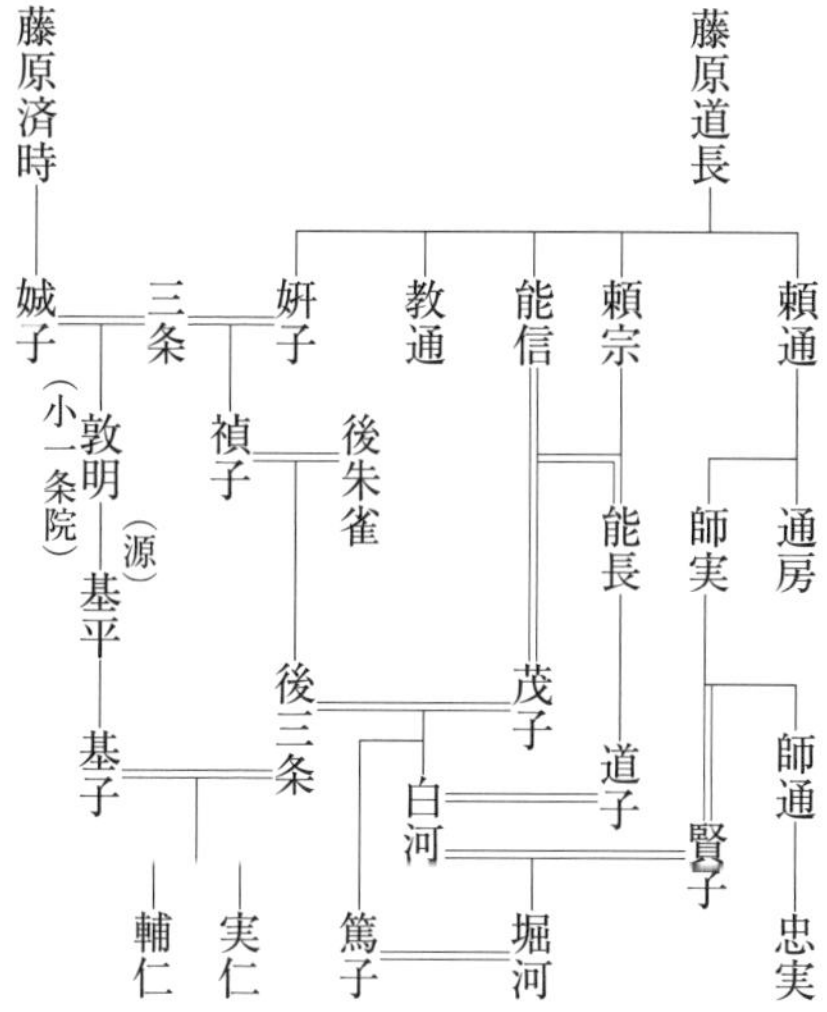

一方、皇位継承に話を戻すと、先述のように、後三条は実仁への皇位継承を図り、そのために早期に白河に譲位して、実仁を

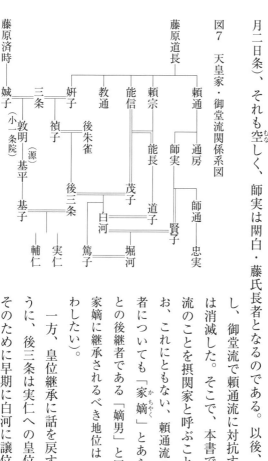

皇太子とした。だが、それから五か月後の延久五年四月、後三条は病のために出家し、翌月七日、死去した。先述の通り、師実は実仁の東宮傅となっており、後三条の死去によって実仁がすぐに後ろ盾を失ったとは思われないが、承保元年（一〇七四）一二月、賢子に皇子敦文が生まれたことは、実仁の地位を大きく揺るがしただろう。敦文の誕生によって、師実が実仁よりも敦文に大きく重心を移したであろうことは想像に難くないからである。

承保二年正月一九日、白河天皇は敦文のいた東三条殿《ひがしさんじょうどの》（師実邸）に行幸《ぎょうこう》し、皇子に対面して敦文を親王に立てたが、これは寛弘《かんこう》五年（一〇〇八）一〇月一六日、一条天皇が道長の上東門第《じょうとうもんてい》に行幸し、敦成を親王とした先例にならったものであったという（宮内《くない》庁書陵部《ちょうしょりょうぶ》所蔵『三位中将部類《さんみちゅうじょうぶるい》』所引《しょいん》『大記《だいき》』）。このことからも、師実と白河の関係の深まりは明らかだろう。師実は敦文の即位によって、祖父道長の事績の再現を意識し始めたのである。同じ承保二年、師実は道長以来の洛東《らくとう》白河の別荘を天皇に献上し、天皇はここに法勝寺《ほっしょうじ》の建立を進めるが、このことも敦文を通した白河と師実の関係の深まりをあらわしている。敦文は承保四年、夭折《ようせつ》してしまったが、二年後の承暦三年（一〇七九）、賢子は再び皇子善仁《たるひと》を出産し、師実は白河との縁を改めて強化していった。

そして、こうしたなか、応徳《おうとく》二年（一〇八五）、皇太子実仁が急死する。その後の皇太子には、実仁の同母弟で延久五年正月に誕生した輔仁《すけひと》を推す声も高かったが、もはや師実には輔仁を推す義理はなかった。応徳三年一一月二六日、白河は師実と図って善仁を皇太子に立てると、即日、善仁に皇位を譲り、上皇となった。善仁は即位して堀河天皇となり、関白師実は外祖父として摂政になった。先に師実は道長を意識しはじめたと述べたが、まさに外祖父の摂政は、後一条朝の道長以来の復活である。通説では、白河天皇の譲位は院政のはじまりとされるが、これは実は安定的な摂関政治の復活だったのである。

院政の開始と摂関家

師実・師通の時代

応徳三年（一〇八六）一一月二六日、堀河天皇の即位は、摂関家にとって、後一条天皇の即位以来、七〇年ぶりの外孫天皇の即位であった。通説では、堀河の即位は、白河上皇が院政開始を目的に行ったとか、これによって院政が開始されたとかいわれているが、近年の研究では、退位当初の白河は国政一般に関与せず、政治の実権は師実によって握られていたことが明らかになっている。そもそも白河は翌年二月には、当時、政治の行われる場であった洛中《らくちゅう》を去って、新たに造営した洛《らく》南《なん》の鳥羽殿《とばどの》に移転していた。対して師実は、内裏《だいり》のなかに直盧《じきろ》を構えて幼年の天皇を支えるとともに、摂政として政務を取り仕切っていたのである。しかも、堀河の即位式では、

図８　病床の藤原師通（『山王霊験記』沼津日枝神社所蔵）

摂政師実が、はじめて玉座である高御座《たかみくら》に天皇とともに登壇して天皇を支えたことが知られる（末松二〇一〇）。この時期、天皇と摂政の関係は強化されていたのである。

寛治《かんじ》三年（一〇八九）、堀河が元服すると、師実はその後宮にも娘を送り込む。師実には実の娘がいなかったが、後三条天皇の皇女である篤子《とくし》内親王を養女に迎え、彼女を寛治五年入内、同七年立后させたのである。こうして、師実によって天皇家との新たな関係が構築されたところで、寛治八年三月、師実は嫡男である内大臣師通に関白の地位を譲った。もちろん師通への関白継承は、師実が天皇の外祖父であったからこそ可能になったものであるが、師実の場合、退任後の振る舞いは、道長を先例として意識したもので、かれは関白退任後も関白師通と並んで儀式に参加するなど、摂関がこの家系に継承されることを貴族社会にアピールしていたという（佐藤二〇〇五・海上二〇一八）。すでにこの段階で、頼通流＝摂関家に対抗し、それに代わり得る勢力は現実的には消滅しており、師実は摂関の世襲化・家職化に向け、さらに既成事実を蓄積していったといえるだろう。

ただ、道長が摂政退任後も国政全般にわたって実権を掌握し、ときに頼通を叱り飛ばすこともあったのに対して、師実の場合、師通は関白就任時、すでに三三歳で、内大臣としても一〇年以上のキャリアがあった（頼通の場合、関白就任時は二六歳で、内大臣就任直後に関白に任じられている）。そのため、師通は朝廷運営の面では、必ずしも父師実の言いなりではなかったようである。『愚管抄《ぐかんしょう》』（巻第四）には、かれが白河上皇にも師実にも相談せず国政を執り仕切ったと記されているが、実際、この時期の国政は、師通と堀河によって決裁され、師実に問い合わせがなされても、その意見が採用されないこともあったという（佐々木二〇〇一）。

また、師通は漢籍《かんせき》を熱心に学び、大江匡房《おおえのまさふさ》らの学者を積極的に登用して政治を行った。

『本朝世紀《ほんちようせいき》』承徳《しようとく》三年（一〇九九）六月二八日条は、かれが政治を行った嘉保《かほう》・永長《えいちよう》年間（一〇九四〜九七）は「天下粛然《しゆくぜん》」であったと記している。一方で匡房は、師実に「摂政・関白は必ずしも漢学の才能は必要ありません」と語ったというから（『中外抄《ちゆうがいしよう》』上）、漢籍を学び、重視した師通は、摂関家のなかでは異質な存在だったといってよいだろう。『愚管抄』（巻第四）も、かれのことを「引《ひき》ハリタル人」（強情《ごうじよう》な人）と評している。

師通の型破りな性格は、その結婚にもあらわれている。当初、師実は師通の妻に摂関家傍流・藤原俊家《としいえ》（頼通異母弟・頼宗《よりむね》の子）の娘である全子《ぜんし》を迎え、彼女は承暦二年（一〇七八）、嫡男忠実を出産した。ところが、それから間もなく師通は全子と離縁し、藤原信長の娘信子《しんし》を新たに妻に迎えた。信長は教通の跡継ぎであり、師通は信長の婿となって、かつて教通の邸宅であった二条殿《にじようどの》に住むようになったのである。

これによって頼通流と教通流は合体したといえるが、師実から見ると、教通・信長父子は長年のライバルであり、自分の嫡男が信長の婿《むこ》となり、教通の二条殿に住むという状況には、複雑な感情を抱いたに違いない。なお、忠実は祖父師実の養子となっており、父の離婚を機に師実のもとに引き取られ、祖父の下で育てられたようである。このことも師実と師通との間の微妙な関係をあらわすものといえるかもしれない。

このように、師通は摂関家の伝統や父師実の意向にもこだわらず、独自の政治を推し進めた。しかし、関白になって六年目の承徳三年六月二八日、師通は三八歳の若さで急死した。かれの死はあまりに突然であったので、呪詛《じゅそ》によるものとする説も噂された。この四年前、延暦寺《えんりゃくじ》の強訴《ごうそ》が起こった際、師通は武士を派遣して内裏の防衛につとめたが、このとき、大衆《だいしゅ》・神人《じにん》と武士が衝突して延暦寺側に多数の死者が出たため、延暦寺がこのことを怨《うら》んで師通を呪詛したといい、師通の死はその結果とされたのである。

白河上皇の浮上と忠実

その真偽はともかく、師通の死は、堀河天皇の外戚として、往時の権勢を取り戻し、摂関の世襲化まで進めていた摂関家にとって、大きな打撃となった。師通の長男忠実は師実の養子になっていたので、堀河にとって義理の外舅ではあった。だが、師通が没した時点では、まだ二二歳で、官位も正二位《しょうにい》権大納言に過ぎず、大臣以上という摂関就任の資格を満たさない。そこで、師通没後、忠実は藤氏長者のみを継承し、康和《こうわ》元年（承徳三年から改元《かいげん》）八月、権大納言のまま、内覧《ないらん》に任じられることになった。内覧は関白の職掌と変わらないとはいえ、道長が摂政になって以来、初めて摂関が断絶したのである。

そもそも忠実は内覧となったとはいっても、天皇の一歳年長に過ぎず、その補佐・助言役としては未熟すぎた。当初は天皇外祖父でもある大殿師実が重しとなって、天皇や忠実を補佐、後見していたが、師通の死から一年半後の康和三年（一一〇一）二月には、その師実も死去してしまう。堀河の実母賢子も、すでに堀河即位前の応徳元年（一〇八四）、没しており、師通・師実の死去によって、堀河の王権は、未熟な内覧が年若い天皇を支えるという貧弱なものになってしまった。

そこで、浮上してきたのが、白河上皇の存在である。白河は退位以降、従来の慣例にしたがって内裏を退去していたので、即位以降、堀河が白河に対面した回数はわずかな機会しかなかった。ところが、師実が没すると、堀河は月に一回のペースで白河のいる鳥羽殿に行幸するようになっている。つまり、堀河と白河との関係が急速に密着化したのであり、この間、堀河が師実・師通に代わって白河を頼りにするようになったことがわかるのである。

こうしたなかで、天皇家と摂関家の関係も変化していった。前述のように、師実は後三条の皇女である篤子を養女として堀河天皇の中宮にした。ところが、天皇にとっては実の叔母であり、一九歳も年長である篤子には、いつまで待っても懐妊《かいにん》の兆候は見られず、師通存命中の承徳二年、閑院流・藤原実季《さねすえ》の娘である苡子《いし》が入内した。そして、彼女は康和五年、天皇の第一皇子宗仁《むねひと》を生んだのである。もっとも苡子の入内時、すでに父実季は没していたし、苡子は宗仁の出産直後に亡くなっていたから、このことがただちに従来の体制を大きく変えたというわけではない。しかし、それでも苡子の入内にあたっては、白河が実家に代わって入内の経営を差配していたし、白河は母を失った宗仁を自分の御所に引き取って養育した。摂関家を脅かす貴族は登場しないまでも、白河が后妃の父のような役割を果たすようになっていたのであり、かれが堀河との関係を強化し、後宮編成を主導するようになっていたことがうかがえるのである。

このように見てくると、白河はこの時期、天皇を補佐し、後宮編成を主導し、天皇の皇子を養育するなど、従来の摂関家に代わる存在になった感がある。こうなると、もはや摂関の必要など、なくなってしまったのではないかと思われる方も多いかもしれないが、そんなことはなかった。なぜなら、この時期も、上皇が天皇のいる内裏に入ることはタブーであったため、天皇が院御所に行幸しない限り、上皇は直接天皇に会うことができなかった。そして、内裏で行われる儀式や政務についても基本的に自ら主催することはできなかったからである。依然として内裏のなかで行われる儀式・政務は、忠実と天皇を中心に行われたし、さまざまな問題に関する協議も、上皇がこれに加わったとしても、天皇と上皇が直接対面する機会はほとんどなかったから、忠実が間に入って取り次いだ。国家運営において摂関（内覧）の存在は必要不可欠だったのである。

また、通説ではこの時期の天皇家と摂関家は対立的な存在として理解されることが多いが、実際には白河と摂関家の関係も悪かったわけではない。忠実は父師通・祖父師実を早く失い、知識不足・経験不足のまま内覧という大任を任されることになってしまったが、こうした忠実に対して、ときには儀式作法を教え、ときには後三条の日記を貸し出すなどして、手をさしのべていたのは、白河だった（樋口二〇一八B。『中外抄』下・四十）。しかも、康和四年、忠実の任大臣後、初の官奏《かんそう》では、堀河も忠実を自分のそばに伺候させ、天皇の作法を見学させている（『殿暦《でんりやく》』八月一三日）。白河や堀河はむしろ父を失った忠実を補佐し、かれを一人前の摂関として育てようとしていた。こうして、長治二年（一一〇五）一二月二五日、忠実は関白に就任するのである。

白河が師通・師実の没後も摂関家を見捨てなかった理由としては、次の二つのことが考えられる。一つは、摂関家が道長以来、摂関職を独占するとともに、天皇の儀式に関する作法を蓄積していたことである。摂関家は血縁をもって天皇につながる存在から、知識をもって天皇を支える存在に変化していたのであり、白河も自分の皇統を支える存在として御堂流に期待していたのである（遠藤二〇〇四）。

そして、もう一つは、皇位継承の有力なライバルの存在である。前述のように、白河は異母弟で皇太子であった実仁の急死後、堀河に皇位を譲り、我が子への皇位継承を実現した。だが、父後三条は実仁に万が一のことがあった場合、同じく源基子《きし》を母とする輔仁《すけひと》への皇位継承を望んでいたといわれる。だとすれば、堀河よりも輔仁の方に皇位継承の正統性があることになるので、白河はこれまで代々摂関を継承し、特別な存在となってきた摂関家と結び、それに支えられることで、自分の皇統の正統性を誇示しようとしたのである。

中世摂関制の成立

こうしたなかで、嘉承《かしょう》二年（一一〇七）八月、堀河が二九歳の若さで死去し、皇太子宗仁が即位して、鳥羽《とば》天皇となった。前述のように、宗仁の母苡子は閑院流・藤原実季の娘であり、『愚管抄』（巻第四）によると、鳥羽即位直後、実季の長男公実《きんざね》は外舅として摂政就任に名乗りを上げたという。だが、白河は、公実が五代の間、摂関を継承せず、代々「凡夫」（凡人）の振る舞いをしてきたとして、これを退け、忠実を摂政に任じた。通説では、これによって、はじめて摂関と天皇外戚の地位が完全に分離し、これ以降、摂関は天皇外戚であるかないかにかかわらず摂関家の家嫡に世襲されるようになっていくとされている（橋本一九八六）。すなわち、このとき、摂関家は成立した、とされるのである。

しかし、ここまで見たように、これまでも実は白河や堀河は若い忠実を支援し、育てていた。このことからいえば、鳥羽即位後も忠実が摂政になるのは、これより前からの既定路線であったと見るべきだろう。鳥羽が即位すると、堀河の同母姉である令子《れいし》内親王が准母《じゅんぼ》（母代わり）として立后し、皇后となる。令子は鳥羽の誕生直前から入内しており、彼女の准母立后は鳥羽即位以前から決まっていたと考えられるのだが（三好二〇一六）、実

図9　閑院流・御堂流・天皇家関係図

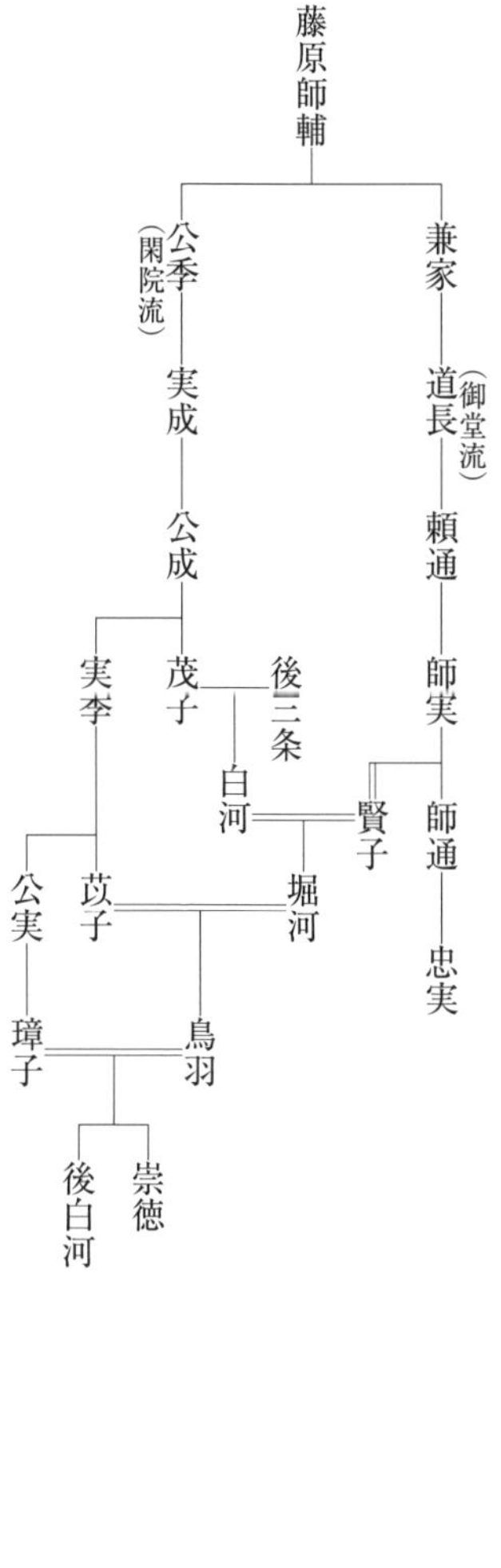

は令子は師実の妻である源麗子《れいし》によって養育されており、立后儀礼も忠実を中心に執り行われた。忠実は天皇外戚ではなかったものの、白河は摂関家に近い令子を天皇の准母に立てることで、以前から鳥羽の後見を摂関家に委ねようとしていたことがうかがえるのである。

ただ、だからといって、筆者は鳥羽の即位が摂関家にとって転機でなかったというつもりはない。前述のように、白河・堀河には皇位継承のライバルとして輔仁親王の存在があり、この時期も、村上源氏の源俊房《としふさ》をはじめ、輔仁の即位を待望する勢力が存在した。そんななかで即位した鳥羽はわずか五歳という幼少の天皇であったうえ、外戚も貧弱であったから、その王権はきわめて不安定であった。そこで、白河はこれ以降、自らが前面に立って天皇を支え、院御所に公卿を招集して国政に関する諸問題を議定するなど、本格的な院政を開始した（以下、本書では、便宜的に院政を行う上皇＝治天《ちてん》の君《きみ》について「院」「〜院」とあらわし、その他の上皇と区別する）。

しかし、その一方で、院はこの段階でも内裏に入ることができず、直接天皇を見守ったり、支えたりすることはできなかった。そのため院は自分の代わりに摂政である忠実に指示を与えて、天皇のそばに置き、忠実を介して天皇の後見を行った。ここに摂関は天皇の血縁者として天皇を後見・補佐するのではなく、本来の後見者である院の指示を受け、その代理として天皇を後見・補佐する存在に変化したのである。

こうした院・摂関・天皇の三者の関係を具体的に示すものとして、ここでは永久《えいきゅう》二年（一一一四）一二月九日に行われた官奏をとりあげよう。鳥羽は前年正月元服し、忠実はその年の一二月二六日、関白に改められた。したがって、この官奏は天皇御前で、天皇に対して初めて行われる官奏であったのだが、忠実の日記『殿暦』によると、官奏のはじまる直前、忠実は天皇御前に参って、天皇が文書を覧る方法についてレクチャーしていた。また、官奏がはじまってからも、かれは天皇のそばに張り付いて儀式を見守り、作法を指導していた。このように、元服後、天皇が初めて行う官奏で、関白が天皇に作法を伝授したことは、すでに前章の「摂政・関白の成立」でも述べた通りである。だが、ここで注目されるのは、実は忠実がこれ以前、院のもとに参り、天皇に教えるべき作法について指示を受けていたことである。忠実が天皇に教えた作法とは、実はかれが院から教えられたものであった。つまり、院は内裏で行われる官奏に直接参上して天皇にアドバイスできなかったから、忠実を使って作法を教え、間接的に天皇を後見したのである。

このように、院政が本格的に開始するとともに、摂関は内裏に入れない院に代わって、天皇と院との間をつなぎ、院の指示を受けて天皇を後見、補佐するという役割を担うことになった。こうしたなか、永久元年（一一一三）一〇月、輔仁の護持僧仁寛《にんかん》を首謀者とする鳥羽天皇暗殺未遂事件が発覚すると、輔仁は皇位継承の可能性を失い（永久の変）、白河の皇統は安定化していった。だが、白河院政期においては、必ずしも院と摂関の役割分担が明確ではなく、そのために両者の間に緊張状態が生じることもあった。

保安元年の政変

白河院は鳥羽が元服すると、その后妃として忠実の娘勲子《くんし》（のち泰子《たいし》）を入内させようとした。また、白河は鳥羽の外舅で自身のいとこでもある藤原公実が嘉承二年（一一〇七）一一月に没すると、その娘璋子《しょうし》を養女として引き取って養育し、溺愛《できあい》しており、彼女を忠実の嫡男である忠通《ただみち》と結婚させようとした。白河は自身の主導下に、さらなる摂関家との関係強化をめざしたのである。そもそも摂関が天皇外戚の立場と関わりなく摂関家に父子継承されるようになったとはいっても、本来摂関の地位が母后《ぼこう》の代理人として発生し、娘である母后と一体的になって天皇を後見・補佐するものであった以上、王権安定化のため、摂関と后妃は近い関係にあるのが理想的であった。したがって、これ以後も、鎌倉前期までは、摂関家に娘がいれば、優先的に天皇の后妃にされたのである。

ところが、璋子は恋多き女性で、忠通とは別の男性との関係が噂されたため、忠実はこのことを嫌って忠通との結婚を破談にしてしまう。そのうえ、これを受けて白河は一転して璋子を鳥羽天皇の女御として入内させ、永久六年、璋子は立后して中宮となったので、忠実の娘勲子の入内も白紙となってしまった。忠実は璋子の入内について「乱行《らんぎょう》の人の入内」と批判したが（『殿暦』永久五年一二月四日条）、後の祭りで、忠実は天皇外祖父となる機会を逸することになったのである。

しかも、ここで重要なのは、璋子の入内によって、白河が単に天皇の祖父というだけでなく、后妃の父として、かつての道長や頼通と同様なスタンスを得たことである。また璋子は頻繁に内裏を退出して院御所に参っており、院は璋子を介して天皇に対する影響力を強めていった。こうなると、院は璋子を介することで、忠実を通さなくても、内裏内や天皇の動きを知ったり、指示を与えることができるようになってしまう。本来、院は内裏内のことを忠実に委ねていたはずだが、これでは忠実の役割を侵犯することにもなりかねない。忠実の立場はきわめて不安定なものになってしまうのである。

こうしたなか、元永《げんえい》二年（一一一九）五月二八日、璋子は皇子顕仁《あきひと》を出産した。顕仁が即位した場合、白河は天皇外祖父となるから、院の天皇への影響力強化はいっそう強まることが予想されただろう。その矢先、鳥羽と白河の関係を揺るがす事件が起こった。この年の秋、鳥羽が忠実の娘の入内を口にし、これを知った白河が激怒したのである。この件はしばらくして収まったが、一年後に突如として蒸し返される。保安《ほうあん》元年（一一二〇）一〇月、白河は熊野《くまの》詣《もうで》にでかけたのだが、そこから鳥羽殿に戻った直後、鳥羽が御幸《ごこう》の間、忠実娘の入内を進めていたとの情報をキャッチしたのである。院が忠実に使者を派遣して事実を問いただしたところ、忠実はこれを否定した。ところが、その後、一一月九日、突然忠実は内覧を停止され、事実上の失脚状態となる。実はこの日、院は鳥羽から三条烏丸殿に入って璋子と会っており、どうやら璋子の情報によって、忠実の嘘が発覚したのが、内覧停止の原因であったらしい（樋口二〇一八B）。それはともかく、内覧という関白の中核的な権限を失って、翌年正月、忠実は関白辞任に追い込まれた（保安元年の政変）。そして、それから二年後の保安四年には、鳥羽も退位させられて、皇太子顕仁が即位、崇徳《すとく》天皇となった。ここに白河は天皇の曽祖父であり、外祖父という絶対的な地位を占めたのである。

荘園と家政機関

荘園の集積と拡大

中世摂関家が経済的な基盤としたのは、荘園からの収取物《しゅうしゅぶつ》（年《ねん》貢《ぐ》・公事《くじ》など）であった。ここでは摂関家の荘園と、それを支配するための役所である家政機関《かせいきかん》について見ておこう。

院政期までの摂関家領荘園の全貌をうかがうことのできる史料に、「近衛家所領目録《このえけしよりようもくろく》」がある。これは鎌倉時代中期の建長《けんちよう》五年（一二五三）に作成された摂関家近衛流《このえりゆう》の荘園リストだが、後述するように、摂関家分立後、近衛流は摂関家領のほとんどを一括して伝領した。したがって、ここに見える荘園は、分立以前の摂関家領とほぼ合致するのである。「近衛家所領目録」には、荘園名の右肩に細字で「〜領内」という記載がある。これは荘園群といって由緒や来歴の違いにもとづいた荘園のまとまりをあらわしたもので、そのなかで最も数が多いのが高陽院領《かやのいんりょう》の四四か所、次が京極殿領《きょうごくどのりょう》の四一か所であった。この二つの荘園群だけで「近衛家所領目録」に記載される全一五九か所のうち半分以上を占めており、これらは摂関家領の中核であったといえる。そして、「近衛家所領目録」の巻末に付属する「庄々相承次第《しょうしょうそうしょうしだい》」によると、実は京極殿領と高陽院領は「宇治殿領《うじどのりょう》」とあり、もともと「宇治殿」と称された頼通の所領であったらしい。これを信じるなら、摂関家領の中核は、頼通の段階で形成されていたことになるだろう。

しかし、摂関政治期においては、荘園の領有は不安定で、経済基盤としてもそれほど重視されていなかった。この時期の貴族たちは、朝廷によって認められた封戸《ふこ》からの収入もまだ支給されており（貴族は特定の地域の住戸を封戸に指定して、そこからの税物の一部を収入とすることが認められていた）、それがかれらの日常的な生活の財源になっていた。また、年中行事の運営、邸宅の建設や寺院の建立にあたっても、摂関は人事権を梃子《てこ》にして、受領《ずりょう》（国司）たちに費用を負担させていたのである。こうしたなかで、頼通は所領を師実と寛子（後冷泉天皇皇后）の二人に分割して譲った。このうち師実に譲ったのが京極殿領、寛子に譲ったのが四条宮領《しじょうのみやりょう》で、四条宮領は高陽院領の原型の一つになったのである。

だが、院政期、院の求心力が高まると、摂関家は人事権を掌握できなくなり、受領たちは摂関家から離れていった。六勝寺《ろくしょうじ》や鳥羽殿といった、院による大規模な開発も相次ぎ、地方からの税収はそれに優先的に回されたため、封戸からの収入も滞るようになった。こうした状況に対して、摂関家は従来の封戸や受領に依存する体制を改め、荘園からの収取物が財源の中心となるように、財政的体制を大きく転換していった。たとえば、忠実の時期に作成された年中行事の運営マニュアルである『執政所抄《しっせいしょしょう》』によれば、摂関家年中行事の費用は、この頃から荘園に賦課して賄うのが一般的になっていたのである（元木一九九六）。

また、これにともなって忠実は荘園の集積も積極的に進めた（義江一九六七）。先述したように、頼通は所領の半分を娘の寛子に譲ったが、この四条宮領は大治《だいじ》二年（一一二七）、寛子が没すると、忠実に譲られ、摂関家本体に回収された。一方、頼通は妻隆姫にも所領を譲っており、それらは隆姫から、後朱雀天皇と頼通養女嫄子の間に生まれた祐子《ゆうし》内親王に譲られたが、長治《ちょうじ》二年（一一〇五）、祐子が没すると、忠実は頼通の譲状があると主張して、これを摂関家の家領に編入した（高倉一宮領《たかくらいちのみやりょう》）。このほか、忠実は母全子から実家の頼宗流《よりむねりゅう》（御堂流傍流）に伝わった所領を、祖母麗子からは、彼女が養父信家《のぶいえ》（教通長男）から受け継いだ三条天皇皇女儇子《かんし》内親王の所領を相続している（冷泉宮領《れいぜいのみやりよう》）。

さらに忠実は各地で荘園の新立も進めた。元永二年（一一一九）には、上野国《こうずけのくに》で五〇〇町《ちよう》に及ぶ大規模な荘園を立てようとして国司とトラブルになり、院によって停止を命じられたことが知られる（『中右記《ちゆうゆうき》』三月二五日・二六日条）。忠実は保安元年の政変で失脚したが、その後も、越中権守《えつちゆうごんのかみ》源雅光《まさみつ》から大和国新庄《やまとのくにしんじよう》を寄進《きしん》されるなど（『中右記』大治五年〈一一三〇〉八月七日条）、荘園集積は続いていた。忠実は失脚後も京極殿領など、多くの荘園を保持しており（樋口二〇一一）、これらの支配を通して存在感を維持し続けたのである。

家政機関と家司・職事

摂関家の家政機関は、一〇世紀初めに出現し、政所《まんどころ》や侍所《さむらいどころ》、随身所《ずいじんどころ》などがあった。これは律令制で公卿に設置が認められた事務所である家務《かむ》所《しよ》の系譜を引く組織で、それと同様に、官人としての地位に付属して、公卿になると初めて設置された。だが、律令制の家務所では、職員の任用に複雑な手続きがあって、主人が自由に任用できなかったのに対して、政所や侍所では、職員は主人の私的な発する御教書《みぎようしよ》（側近が主人の意志を奉じて出す文書）によって任じられており、主人の私的な組織としての性格がいっそう強まった。

こうした家政機関のなかでも、中心的な位置にあったのが政所である。政所は本来、封戸から納入される税物の収納・管理や文書作成にあたる組織であったと思われるが、ここまで見たように、摂関家の経済基盤として荘園からの収入が大きなウエイトを占めるようになると、行事などの費用を荘園に課し、また各荘園に政所下文《まんどころくだしぶみ》を発給して収取物を徴収するなど、荘園管理の中枢機構として重要な役割を担うようになっていった。

政所を構成する職員には、別当《べっとう》・令《れい》・知家事《ちかじ》・従《じゅう》・書吏《しょり》・案主《あんしゅ》の役職があった。このうち別当・令は四位・五位の下級貴族から任じられ、特に別当は家司《けいし》と称された。知家事以下は六位の官人（侍という）から任じられ、惟宗《これむね》氏・安倍《あべ》氏・紀《き》氏などの地下《じげ》官人の一族が任じられた。別当が家司と称されるのに対して、知家事以下は下家司《しもけいし》と称された。

家司と下家司では身分的に大きな差があったが、文書の作成など、実際の家政業務にあたったのは下家司で、家司は実務を統括し、文書に判を押して承認するなど、中間管理職的な位置づけであった。家司・下家司ともに、毎年一度行われる所宛《ところあて》という儀式で、諸行事の担当などが割り振られ、また責任者として年預《ねんよ》が一名ずつ定められた。

一方、荘園支配を担当する政所に対して、摂関家内の雑用や、従者の統制を担当したのが侍所である。侍所を構成する職員には、別当・勾当《こうとう》・所司《しょし》・侍の役職があり、政所同様、五位の下級貴族から任じられる別当・勾当・所司と、六位の下級官人から任じられる侍には身分的な差があった。政所別当が家司と称されたのに対し、侍所別当は職事《しきじ》と称されたが、家司は四位の人物も任じられたのに対して、職事は五位の人物が任じられることが一般的であった。また、職事から家司への転任はあっても、家司から職事への転任はなかったので、侍所は政所より下位に位置づけられていたことがわかる。

家司・職事の一族

家司・職事は、道長の時代には、藤原氏諸流のほか、但波《たんば》氏や多米《ため》氏など、さまざまな氏族から任用されていたが、その後、しだいに固定されるようになり、院政期には代々摂関家に仕えて家司・職事を務める一族が確立した。この背景としては、摂関家の経済基盤の転換も大きかったようである。もともと家司たちは奉仕の見返りとして、受領などの官職に任じられることを期待していたが、院政期以降、摂関家は人事権を失い、受領に任じられる家司は激減していった。その代わりとして、摂関家は家司たちを荘園の下位領主職《りょうしゅしき》である預所《あずかりどころ》（または領家《りょうけ》）に任じ、荘園の管理を任せるとともに、そこからの一定の収益を得ることを認めたのである（柴田一九七〇）。受領の官職と異なり、預所職は摂関家との関係によって父から子へと引き継ぐことも可能であったので、家司たちは預所職の継承を通して、摂関家との関係も子に継承させ

図10　藤原忠実邸の家司たち（『春日権現験記絵巻』巻3，冷泉為恭他，模本，東京国立博物館所蔵，Image: TNM Image Archives）

ていったわけである。

院政期、院政を支えた院庁の事務職員である院司となる一族には、大国《たいこく》の受領を歴任する大国受領系と、太政官の実務官僚である弁官《べんかん》や、宮中の実務を担当する蔵人《くろうど》を歴任する実務官僚系の二つのパターンがあったことが指摘されているが（元木一九九六）、摂関家家司・職事の一族についても同様のことがいえる。ただし、摂関家の場合、受領の官職は大国とは限らなかったから、ここでは単に受領系と呼んでおこう。受領系の代表的な一族としては、高階《たかしな》氏や醍醐《だいご》源氏《げんじ》、橘《たちばな》氏などがあげられる。このうち、とくに高階氏は受領の一族として有名で、泰仲《やすなか》は師実・師通・忠実の三代にわたって家司を務めるとともに、受領の最高位である伊予守《いよのかみ》などを歴任して摂関家を経済的に支え続けた。泰仲の孫仲行《なかゆき》は晩年の忠実に近侍《きんじ》して、その言談録である『富家語《ふけご》』を筆録したことで知られる。

実務官僚系の一族としては、高棟流桓武平氏《たかむねりゅうかんむへいし》・勧修寺流《かじゅうじりゅう》藤原氏・日野流《ひのりゅう》藤原氏の一族が有名である。この三流は院政期以降、いずれも弁官・蔵人を世襲していく一族で、のち名家《めいけ》と称された。このうち勧修寺流・日野流は、忠通期以降、家政を統括する政所執事《しつじ》というポストが成立すると、それを独占的に世襲した。

これら実務官僚系家司の一族はいずれも代々詳細な日記を残した「日記の家」としても知られ、摂関家にも日記の執筆や提供をもって奉仕した（松薗一九九七）。たとえば、永久二年（一一一四）、忠実は祖母麗子の死去により日記が書けなくなり、彼女の死から四九日までの日記を高棟流平氏出身の家司平知信《たいらのとものぶ》に書かせている（『殿暦』五月二二日条）。かれら家司たちの日記は摂関家の日記を補完し、ときにはかれらが摂関の日記を代筆することもあったのである。名家の一族は日記の継承を通して、摂関家の家政や儀式などに関する故実も継承したから、のち摂関家が分裂し、摂関家のなかでの故実継承が不安定になると、かれらのような存在はますます重みを増していった。

保元の乱

鳥羽院政と忠通

保安二年（一一二一）正月、忠実が関白を辞任した後、後任の関白に任じられたのは、嫡男の忠通であった。忠通の子慈円《じえん》の記した『愚管抄』によれば、忠実失脚後、白河院は、自分の乳兄弟《ちきょうだい》である藤原顕季《あきすえ》やその子家保《いえやす》と議して、忠実の叔父で、家保と姻戚関係にあった花山院家忠《かざんいんいえただ》を後任にしようとしていたという（家忠の子忠宗《ただむね》が家保の婿だった）。しかし、そもそも忠通は白河院の猶子《ゆうし》（養子）になっており、院との関係はきわめて良好であったから、忠通が後任となるのは、自然な流れであっただろう。いずれにしろ、ここで天皇との外戚関係と関係なく、関白職の父から子への継承がなされたことから、摂関家による摂関職の世襲化は完全に固まった。

忠通は関白になると、院政の下での摂関の役割を誠実にこなした。『愚管抄』（巻第四）によると、かれは毎日、参内《さんだい》前に必ず院御所に立ち寄って院の指示を仰ぎ、参内すると指示通りに政務を行ったという。こうしたなかで院の信頼も獲得し、大治四年（一一二九）正月、忠通の娘聖子《せいし》が崇徳天皇の女御として入内、翌年には立后し、中宮となる。忠通は父忠実が果たせなかった天皇外祖父となるチャンスも得たのである。

一方、同じ大治四年の七月七日、白河院は七七歳の生涯を閉じ、代わって鳥羽院による院政がはじまった。白河から鳥羽への院政の主の交代にあたっては、近臣たちも大きく入れ替わったことが知られているが、忠通は鳥羽院政になっても摂関として重用された。白河院政では、政権中枢のなかで院がもっともベテランで、経験・知識も圧倒的に豊富であったため、摂関はたびたび院の指示を仰ぎ、その教えを受けていたが、鳥羽院政では、忠通の方が院より六歳上であったため経験豊富で、院は朝廷運営を忠通に任せた。そのため、院は京外の鳥羽殿にあってあまり京都に出てこず、国政の諸問題は忠通の直廬で開かれる殿下《でんか》議定《ぎじょう》で審議された（佐伯二〇一六）。

大殿忠実の復活

忠実は失脚後、しばらくして京都から宇治に移り、政治には一切関わらなかったが、白河院が没すると動きを活発にさせる。鳥羽院も、幼少期から自分を後見してくれた忠実に対しては一貫して同情的で、天承《てんしょう》二年（一一三二）正月、鳥羽は院宣《いんぜん》で忠実を内覧に任じた。そして、長承《ちょうしょう》三年（一一三四）三月には、忠実の娘勲子が、院の妻后として立后して皇后となる。ここに璋子入内以前からの構想がようやく実現したのである。

なお、鳥羽は院政開始後、勲子とは別に、白河の側近であった藤原顕季の孫娘得子《とくし》を寵愛した。そのため、白河没後、女院《にょいん》となり待賢門院《たいけんもんいん》と号した璋子と得子の対立が激しくなったが、璋子は勲子の立后にも猛反発するなど、忠実との関係は険悪なものであったから、忠実は得子の方に接近した。保延《ほうえん》元年（一一三五）、得子は叡子《えいし》内親王を出産したが、叡子は勲子の養女とされ、彼女もまた鳥羽・得子と忠実を結ぶ役割を果たした。

さて、忠実は内覧宣下後も、政治にはほとんど関わらず、保延六年には出家した。しかし、かれが全ての権限を忠通に譲って引退してしまったかというと、そうではなかった。前述のように、忠実の時代、摂関家は荘園を集積し、これを経済基盤として新たな権力体制を構築したが、忠実は摂関辞任後も、こうした荘園とその支配機構を保持し続けた。また、保延五年、泰子（勲子から改名）が女院号宣下されて高陽院となると、忠実は四条宮寛子から伝領した四条宮領と、高倉宮祐子内親王から伝領した高倉一宮領をあわせて泰子に譲り、高陽院領とした。この頃、鳥羽院を中心に、国衙《こくが》（諸国の役所）などの使者の立ち入りを禁じ、一国平均役などの朝廷の所課が免除され、かつ大規模な荘園の形成が各地で進められていた。高陽院領の成立も、単に泰子への所領の譲与ではなく、領有の不安定な荘園群を鳥羽院の后妃である高陽院の所領とすることで、院と連携して安定した荘園群に再生させたものと考えられている（川端二〇〇〇・高橋二〇〇二）。荘園領主として貴族たちに影響力をもち、国政にも介入する権力を権門《けんもん》と呼ぶが、忠実は摂関退任後も、摂関家という権門の長としての役割を担っていたのである。

一方、師実までの大殿は、天皇外祖父として内裏にも参入し、直接天皇を後見したが、忠実の場合、関白退任後は基本的に内裏には参入せず、政務にも参加していない。そのため、大殿忠実の政治的役割については、師実に比べて評価できないとする研究もあるが（海上二〇一八）、筆者は賛同できない。大殿忠実は荘園支配を介して貴族・官人を編成して貴族社会に大きな影響力をもち、忠通や鳥羽を介して自分の意志を国政に反映させていたからである。そもそも院政期、政治の実際上の中心は内裏から院御所へと移動し、もはや内裏での政務は形式的なものに過ぎなくなっていた。内裏のなかでの職務は全て忠通に任せ、院の補佐役として実質的な政務に参与しようとした大殿忠実のあり方は、まさに院政という政治スタイルに対応したものというべきだろう。忠実のような大殿の出現は、院政の定着にともなう、摂関家のあり方の大きな変化をあらわしているのである。

忠通と頼長

忠通は白河院の側近で、御堂流傍流の藤原宗通《むねみち》の娘宗子《そうし》を正妻に迎えたが、宗子との間にはなかなか跡継ぎができず、異母弟の頼長《よりなが》を養子に迎えた。頼長は忠実が失脚直後、家司藤原盛実《もりざね》の娘との間にもうけた子で、宇治で忠実に溺愛されて成長した。かれは大治五年（一一三〇）、元服すると同時に正五位下で叙爵したが、これは頼通以降の摂関家の歴代にならった特別なもので、以後も摂関家家嫡としてスピード昇進を遂げていったのである。また、頼長には保延四年（一一三八）に兼長《かねなが》・師長《もろなが》、永治《えいじ》元年（一一四二）には隆長《たかなが》という子が生まれたが、このうち、兼長は忠通の養子とされており、ゆくゆくはかれが頼長の次の家嫡に取り立てられると目《もく》された。

ところが、康治《こうじ》二年（一一四三）、四七歳の忠通に、側室源信子《しんし》（村上源氏・源国信の娘）を母とする男子基実《もとざね》が誕生すると、ここから忠通と頼長の関係は徐々にこじれていく。久安《きゅうあん》四年（一一四八）四月、兼長は一一歳となり元服したが、このとき忠通は兼長を正五位下ではなく、従五位上で叙爵させた。これは摂関家の家嫡ではなく、庶子《しょし》に対するのと同じ扱いである。同年九月には、忠通が兼長を右近衛《うこのえ》少将《しょうしょう》に推挙するはずが、いつまで経っても推挙されず、忠実は忠通がわざと遅らせているとして非難した。忠通は基実が生まれると、かれを家嫡にしようとし、兼長が家嫡と思っていた忠実・頼長との間に溝が生じはじめたのである。

さて、これより先の永治元年、崇徳天皇は退位し、鳥羽院の寵愛する得子（美福門院《びふくもんいん》）を母とする近衛天皇が即位した。忠通の娘聖子は崇徳の皇后となっていたが、近衛即位にともなって、彼女は天皇の養母として入内することになり、忠通も養外祖父として天皇との関係を強めていた。こうしたなかで、久安六年、近衛は元服するのだが、その直後から近衛の后妃をめぐって忠通・頼長兄弟の対立が激しくなった。頼長は鳥羽の許可を得て、正妻藤原幸子《こうし》（父は閑院流の徳大寺公能《とくだいじきんよし》）の妹多子《たし》を養女として入内させ、皇后とした。だが、忠通も得子と結んで、正妻宗子の弟伊通《これみち》の娘である呈子《ていし》を養女として入内させて中宮としたのである。

ここに至って忠実と忠通の決裂も決定的となり、忠実は関白を頼長に譲るよう、忠通に強く迫った。だが、忠通はこれを拒否したので、激怒した忠実は、忠通から日記や荘園を没収して家督から追い、藤氏長者の地位も奪って頼長に与えた。しかし、忠通は以後も関白に居座り続け、摂関家は藤氏長者頼長と関白忠通とに分裂したのである。

忠通の反撃

忠実による義絶《ぎぜつ》後、忠通はほとんどの荘園を失ったため、家司のなかには、忠通のもとを去って頼長の側に付いたものもいた。だが、近衛天皇は、忠実と鳥羽の関係同様、幼少時から自分を後見してくれる忠通になついており、忠通はこの関係を利用して、忠実・頼長に反撃していった。かれは近衛に頼長の悪口を吹き込み、頼長を天皇の前から遠ざけたのである。久安七年（一一五一）正月の元日節会では、近衛は頼長が参加するからという理由で、節会への出席を見合わせた。また、同月の除目《じもく》では、院が頼長に執筆役を命じたところ、近衛はこれを拒否して右大臣源雅定《まささだ》に改めさせた。院はこれを憂慮して、頼長を内覧に任じ、忠通と同等の権限を与えることで、忠通と近衛の横暴をおさえようとした。だが、頼長は内覧になっても天皇のそばに近侍することを許されず、かえって仁平《にんぴょう》元年（一一五一）一〇月、里内裏小六条殿《さとだいりころくじょうどの》の火災を機に、養女の多子も内裏から追放されることになった。

久寿《きゅうじゅ》二年（一一五五）七月、病弱だった近衛は一七歳で死去したが、近衛の死は頼長をいっそう追い詰めた。忠通は近衛の死が頼長の呪詛によるものという噂を流したが、この噂を鳥羽院までが信じたため、頼長は鳥羽の怒りを買って内覧に再任されず、鳥羽と忠実の間にも亀裂が入ったのである。

一方、忠通は近衛の死の直後、鳥羽院と連絡を取り合い、自分が推す鳥羽の第四皇子雅《まさ》仁《ひと》親王を次の天皇にすることを決定して、一気に主導権を握ることに成功した。雅仁の即位については、忠通ではなく、雅仁の乳母藤原朝子《ちょうし》（紀伊局《きいのつぼね》）の夫である信西入道《しんぜいにゅうどう》（藤原通憲《みちのり》）の主導で行われたとの説もあるが、のちに忠通の三男兼実は、近衛没後、鳥羽が誰を天皇にするか、忠通に問うたところ、忠通は雅仁を推し、それにしたがって雅仁の即位が決定したと述べているので（『玉葉《ぎょくよう》』寿永《じゅえい》二年〈一一八三〉八月一四日条）、やはり最終的には忠通の意見が用いられたと見るべきだろう。こうした経緯もあって、雅仁は即位して後白河天皇となると、忠通を頼り、忠通の権力はさらに盤石《ばんじゃく》なものになっていった。

頼長の挙兵

後白河即位後、頼長は父忠実や高陽院泰子を介して内覧再任や、皇太子守《もり》仁《ひと》（後白河の皇子）の東宮傅への就任を鳥羽院に働きかけたが、これらは全て不調で、しだいに自邸に引きこもって、摂関家の行事にも出なくなった。そうしたなかで、久寿二年一二月には泰子も亡くなり、忠実・頼長は鳥羽との間を取り持つ調整役も失うことになった（養女の叡子内親王も久安四年に没していた）。

一方で鳥羽は幼少時からの忠実との親しい関係から、忠実や頼長を処分するような大胆な行動に出られず、しばらく緊張した状態が続いた。だが、翌保元《ほうげん》元年七月二日、鳥羽が死去すると、この緊張状態は一気にはじけた。七月八日、忠通は忠実・頼長が諸国の荘園から軍兵を動員しているとして、諸国に命じてそれを停止させるとともに、摂関家の正邸《せいてい》である東三条殿で謀反《むほん》の修法《しゅほう》を行わせているとして、東三条殿に軍兵を派遣して、これを没収したのである。

これに対して、頼長は後白河の即位に不満をもつ崇徳上皇を擁立して、白河北殿《きたどの》に立てこもり、職事である源頼憲《よりのり》（多田源氏《ただげんじ》）や平忠正《ただまさ》（清盛《きよもり》の叔父）を中心に兵を集めた。また、政権に不満をもつ河内源氏《かわちげんじ》の源為義《ためよし》・為朝《ためとも》父子などもこれに加わった。頼長は藤氏長者として興福寺《こうふくじ》の軍兵も動員しようとして、その上洛も促した。保元の乱の勃発《ぼっぱつ》である。

だが、興福寺勢が到着する前の七月一一日早朝、崇徳・頼長軍は、平清盛・源義朝《よしとも》らが率いる官軍に奇襲をかけられて壊滅する。頼長はここを脱出したものの、途中で流れ矢に当たって負傷し、七月一四日、逃亡先の奈良で絶命した。忠実は頼長挙兵後は奈良に難を逃れていたが、反乱への関与を問われ、洛北知足院《ちそくいん》に幽閉された。頼長の子息である兼長は出雲《いずも》、師長は土佐《とさ》、隆長は伊豆《いず》に流されて、頼長の勢力は朝廷から一掃されたのである。

武家勢力と戦乱の時代

平氏権力と摂関家

保元の乱後の摂関家

保元《ほうげん》元年（一一五六）七月一一日の合戦に勝利した関白忠通《ただみち》は、父忠実《ただざね》によって奪われた摂関家の家督とそれにともなう財産や権限を回収した。頼長《よりなが》が敗退し、行方をくらました直後には、忠通は天皇から藤氏長者宣下《とうしちょうじゃせんげ》（藤氏長者に任じる命令を下されること）を受け、七月一九日、長者印《ちょうじゃいん》や朱器台盤《しゅきだいばん》などを取り返して藤氏長者に返り咲いた。

藤氏長者宣下については、藤氏長者が天皇によって任じられる地位になったことを意味し、これによって摂関家の自立性が大きく後退したとする評価もあるが（橋本一九七六）、そもそも藤氏長者職は前任者から長者印や朱器台盤などを引き渡されることで就任するものであった。だが、この場合、前任者は頼長だったのであり、長者印などの引き継ぎが円滑にできる状態ではなかった。このときの藤氏長者宣下は、逃亡した頼長と氏寺である興《こう》福寺《ふくじ》との連携を断ち切るための緊急避難的措置と見るべきだろう（樋口二〇一八B）。

また、七月二〇日には、忠実より忠通のもとに所領目録が送られ、忠実が支配していた摂関家領の支配権が忠通に譲られた。これには義絶に際して忠通から没収された京極殿《きょうごくどの》領《りょう》だけでなく、これまで忠実が実質上保有していた高陽院領《かやのいんりょう》も含まれていた。忠通はここに忠実が担ってきた摂関家の権門の長としての役割を吸収したといえるだろう。この頃、忠実・頼長に仕えていた家司《けいし》・職事《しきじ》たちも、多くが忠通のもとに仕えるようになっている（樋口二〇一八B）。これまで忠通と忠実・頼長に分裂していた摂関家の権力が忠通の下に一元化したのである。

そして、保元の乱後、頼長の子息たちが流罪《るざい》となった結果、自動的に摂関家を継ぐのは、忠通の子息のみとなった。基実《もとざね》は摂関家の後継者として、保元元年九月には権大納言《ごんのだいなごん》となり、翌年八月にはわずか一五歳で右大臣《うだいじん》に昇進したのである。一方で後白河天皇は、美《び》福門院得子《ふくもんいんとくし》と猶子《ゆうし》関係を結んでいた皇子守仁《もりひと》への中継ぎと見なされていたこともあったためか、摂関家は後白河と婚姻関係を結ばなかった。しかし、保元二年七月、後白河は皇太

図11　東三条殿跡

子とともに摂関家の東三条殿《ひがしさんじょうどの》に行幸して三か月滞在しているし、翌年一〇月、退位した直後には、最初の御幸《ごこう》の行き先として、忠通が管理する宇治を選んでいる。こうした事実は、後白河も忠通との関係を重視していたことを物語る（樋口二〇一八）。

通説では、保元の乱によって摂関家は壊滅的な打撃をうけたとされているが、以上のような忠通の姿からすると、それは必ずしも当たらない。そもそも保元の乱は、忠実・頼長と忠通の対立を軸として起こったのであり、忠通はその勝者だったのである。

確かに乱後、摂関家領のうち、頼長知行の所領は朝廷によって没官《もっかん》（没収）され、摂関家の武力を担った武士たちも多くが処刑された。だが、頼長の所領については、忠実から忠通に引き渡された荘園群（京極殿領・高陽院領）から見れば、わずかに過ぎず（二九か所）、もとから忠通が権利を有していたものでもなかった。また、処刑された武士も、忠実・頼長に仕えた武士のみである。たとえば、京極殿領摂津国《せっつのくに》多田庄《ただのしょう》を本拠とする多田《ただ》源氏《げんじ》の場合、頼長に仕えた頼憲《よりのり》は処刑されたが、その兄頼盛《よりもり》は忠通に仕えており（元木二〇〇四）、乱後も忠通の武力として温存された可能性が高い。摂関家全体で見ると、確かに保元の乱で失われたものもないではないが、忠通個人に目を向けてみると、かれが失ったものは何もなく、むしろ得たものの方が大きかったといわねばならないのである。

平治の乱

保元の乱後、後白河親政《しんせい》が開始されると、乳父《めのと》（乳母《うば》の夫）の信西入道《しんぜいにゅうどう》（藤原通憲《みちのり》）とその子息たちが天皇側近として台頭した。しかし、一方で後白河は、白河《しらかわ》院政以来の院近臣《いんのきんしん》家出身の藤原信頼《のぶより》（中関白道隆《なかのかんぱくみちたか》の子孫）も寵愛《ちょうあい》し、信頼は天皇の威を笠に着て粗暴な振る舞いが目立つようになっていった。

こうしたなか、保元三年四月二〇日、忠通と信頼の間でトラブルが発生した。この日は賀茂祭《かものまつり》で、忠通が桟敷《さじき》で祭の行列を見物していたところ、その前を信頼が車に乗ったまま通り過ぎようとした。これを見た摂関家の政所《まんどころ》・御厩舎人《みうまやとねり》（牛馬の世話などをした下級職員）は、信頼の行為が無礼なので制止した。しかし、信頼はなおも通り過ぎようとしたので、政所舎人たちは信頼の車を破壊し、信頼は仕方なく退散したのである。

ところが、これに後白河が激怒した。忠通は側近で御厩別当《べつとう》（牛馬管理の責任者）でもあった藤原邦綱《くにつな》を内裏《だいり》に派遣して、乱暴を行った下手人《げしゅにん》を引き渡したが、後白河は邦綱を捕らえて左馬寮《さまりよう》の厩に拘禁《こうきん》してしまった。しかし、これには忠通も怒り心頭で、自ら東三条殿の門を閉ざして朝廷への出仕を停止した。これは仁和《にんな》三年（八八七）、宇多《うだ》天皇が藤原基経《もとつね》を関白に任じようとしたとき、基経が勅答《ちよくとう》にあった「阿衡《あこう》」の文字に難癖《なんくせ》を付け、政務をボイコットして宇多を追い詰めたのと同じで、関白が出てこないことで政務を止めてしまうのである。

結局こうなると、後白河も折れるより仕方ないので、四月二六日、邦綱は罪を許されて釈放された。すると、同じ日、忠通も東三条殿の門を開けて政務に復帰した。この事件は、通説では信頼の台頭と摂関家の凋落《ちようらく》を決定づける事件として評価されてきたのだが、このように見てくると、実は忠通の方が存在感を示した事件といってよいだろう。当初、後白河は忠通に対して強い態度を取ろうとしたが、忠通に政務をボイコットされてしまうと、困るのは自分の方なのである。

それから三か月半後の保元三年八月一一日、後白河は守仁に譲位し、守仁は即位して二条《にじょう》天皇となった。また同じ日、忠通も関白を退任して、長男基実が新関白に任じられた。するると、この直後、信頼と摂関家は急速に接近する。平治《へいじ》元年（一一五九）七月一日、基実と信頼の妹（藤原忠隆女《ただたかのむすめ》）が結婚したのである。基実は関白とはいっても、まだ一七歳なので、摂関家の実権者は大殿《おおとの》忠通であり、この結婚も忠通の主導で行われたものだろう。忠通としては、後白河の寵愛する信頼と結ぶことで、後白河との関係強化を図ったものと思われる。信頼としても、右の事件で忠通の存在感を思い知っただけに、摂関家と結ぶことは、信西一派との主導権争いにも有益と判断したのではないだろうか。

しかし、後白河退位後、信頼と信西の対立は激化し、平治元年一二月九日、ついに信頼は河内源氏《かわちげんじ》の源義朝《よしとも》と結んで、信西のいた院御所三条烏丸殿《さんじょうからすまどの》を急襲《きゅうしゅう》する。信西は間一髪でここから脱出したものの、宇治田原の山中に隠れていたところを見つかって自害して果てた。信頼は後白河院・二条天皇の二人を囲い込むとともに、信西の子息たちを流罪にして一気に政権を掌握したのである。ここで信頼の企てに摂関家がどう関わったかは、史料がないため不明だが、信頼が政権運営にあたって縁戚である摂関家を頼りにしたことは間違いないだろう。政務・儀式執行における摂関の重要性を考えると、忠通の側からも、何らかの関与があったとしても不思議ではない。

だが、このとき熊野詣に出かけていた平清盛《きよもり》が、信頼の挙兵を聞きつけ、途中で引き返して帰京すると、風向きは大きく変わる。信頼と結んでいた天皇外舅の藤原経宗《つねむね》、同じく天皇乳父の藤原惟方《これかた》らが信頼から離反し、清盛と結んで院・天皇を信頼のもとから清盛の六波羅殿《ろくはらどの》に脱出させたのである。これによって平氏に味方する軍勢は官軍となり、対する信頼・義朝は朝敵《ちょうてき》、賊軍《ぞくぐん》に転落した。信頼・義朝の軍勢は大内裏《だいだいり》や六波羅で平氏軍と激突したが惨敗《ざんぱい》し、信頼は捕らえられて処刑され、義朝は敗走途中、尾張国野間《おわりのくにのま》で殺害された。

基実と基房

信頼が朝敵となって敗死したことは摂関家を窮地に追い込んだ。しかし、平治の乱後、二条天皇が親政を開始すると、摂関家は二条によって重用され、応保二年（一一六二）二月には、忠通の娘育子《いくし》が入内《じゅだい》して中宮《ちゅうぐう》となった。国政運営についても、天皇は大殿忠通や関白基実と協議して決定を下しており、摂関家は親政の要となったのである。

一方で、この頃から摂関家では再び後継者をめぐる問題が生じはじめた。忠通は基実に関白を譲っていたが、実は基実の一歳年下の異母弟基房《もとふさ》（母は基実母の妹）も、保元元年八月二九日に元服し、摂関家家嫡《かちやく》を象徴する正五位下《しょうごいのげ》で叙爵《じょしゃく》しており、以降、代々の家嫡の昇進ルートをたどって昇進を遂げていた。しかも、この当時、貴族諸家の相続にとって最も重視されたのが日記だが、のち忠通の自筆日記は基房に伝えられている。『今鏡《いまかがみ》』（ふじなみの中）は基房について「御身《おんみ》の才《ざえ》も幼くよりすぐれておはします」と記しており、ここから考えると、忠通は才能に恵まれた基房を溺愛《できあい》し、ゆくゆくはかれを後継者にしようとしていたものと思われるのである。

だが、そうすると、これは基実にとってはゆゆしき問題である。基房が忠通の後継者になれば、自分の子孫が摂関になれる可能性はほとんどなくなるだろう。のちに二人の弟である兼実《かねざね》は、基実が基房に対して「宿意《しゅくい》」（恨み）を抱いていたと証言しているが（『玉葉《ぎょくよう》』承安《しょうあん》二年〈一一七二〉二月二日条）、このことはまさに基実が基房との関係で追い詰められていたことをあらわしている。そこへ来て、平治の乱で信頼が敗死したことは、基実から基房への交代を決定的なものにしたはずである。

ところが、長寛《ちょうかん》二年（一一六四）二月一九日、忠通が六八歳で没したことで、基実は窮地を脱した。しかも、この直後の四月、基実は平清盛の娘盛子《せいし》と再婚し、平氏と結んだ。清盛は平治の乱で圧倒的な存在感を示し、またライバルの河内源氏が没落したことから、平氏一門は国家の軍事・警察権を独占するようになっていた。基実は平氏と結ぶことで、基房を牽制《けんせい》し、摂関家家長の地位を維持しようと図ったのである。

基実の急死と財産相続

永万《えいまん》元年（一一六五）六月、病に倒れた二条天皇は、皇太子順仁《よりひと》（六条《ろくじょう》天皇）に譲位し、翌月二八日死去した。だが、六条天皇はこのとき二歳に過ぎず、外戚もきわめて貧弱であった。六条の実母は伊岐致遠《いきのむねとお》という下級官《かん》人《じん》の娘で、貴族の娘でさえなかったのである。一方、後白河院には応保《おうほう》元年（一一六一）、寵愛する平滋子《じし》（知信《とものぶ》の孫）との間に皇子憲仁《のりひと》が生まれていた。憲仁を即位させたい後白河は、二条と対立し、二条没後はさらに攻勢を強めたが、六条の王権もすぐには屈しなかった。六条は強力な外戚をもたなかったが、皇后育子が養母として内裏に入ってこれを養育し、摂政基実も義理の外舅として後見した。摂関家が擬似的な家族として、六条の王権を支えたのである。

ところが、永万二年七月二六日、基実は赤痢《せきり》のため、二四歳の若さで急死する。基実という中核を失った王権はもちこたえられず、政治の主導権は後白河院によって奪われる。

こうしたなかで、仁安三年（一一六八）二月には、六条は四歳にして退位させられ、代わりに憲仁が即位して高倉《たかくら》天皇となった。

　さて、基実には離婚した信頼妹との間に嫡男基通《もとみち》が生まれていたが、基実の没した時点では七歳に過ぎず、新摂政には左大臣《さだいじん》基房が任じられた。これは基実周辺にしてみれば、きわめてまずい展開といえるだろう。このままでは摂関はライバルである基房の子孫に伝えられ、基実の子孫は没落してしまうかもしれないのである。

　だが、これを救ったのが、もと忠通の側近で摂関家の番頭格である藤原邦綱であった。邦綱は、摂関家領をはじめとする摂関家の財産について、必ずしも摂関が全て相続するとは決まっていないといい、基実の妻盛子や基通が財産を相続すべきことを主張した。この主張は後白河によって認められ、藤氏長者が相伝する殿下《でんか》渡領《わたりりょう》と、御堂流《みどうりゅう》一門の寺院領以外は、基通への相続を前提に、盛子が一括して相続することになったのである。

　こうなると、基房が摂関を継承しても、摂関の職務に必要な代々の日記文書《もんじょ》や、年中行事の財源となる荘園は基通の側にあるのだから、基通こそが家嫡であり、基房は基通が成長すれば、摂関をかれに譲り渡す一代限りの中継ぎにすぎないということになる。そもそも摂関家では摂関継承と財産継承は一致せず、前摂関が大殿として荘園や財産を管理し、大きな影響力をもつことが多かった。邦綱はこうした前例を利用し、摂関家の財産を摂政基房から切り離したのである。

ただ、それとともにここで重要なのは、これによって摂関家の権力に平氏という武家勢力が関わってきたことである。九条《くじょう》兼実によれば、このとき摂関家は「禅門《ぜんもん》に属すべきの由、院宣《いんぜん》を下されし」たという（『玉葉』治承《じしょう》三年〈一一七九〉六月一八日条）。「禅門」とあるのは、盛子の父清盛である。摂関家の財産は盛子に相続されたとはいえ、基実が没したとき、彼女はわずか一一歳の少女に過ぎなかった。そこで、後白河は摂関家の管理を盛子の父清盛に委ねたのである（なお、ここで後白河がこの問題に介入したのは、久安《きゅうあん》六年〈一一五〇〉の忠実による忠通義絶《ぎぜつ》に際し、忠実が摂関家領を鳥羽院《とばいん》に寄進しており、以後、天皇家の家長は摂関家領の相続に介入できたためとの指摘がある〈佐伯二〇二〇〉）。

鳥羽院政期の摂関家では、大殿忠実が摂関家領のほとんどを保持し、権門の長としての役割を担ったと述べたが（八九、九〇頁）、基実没後の摂関家では、忠実の立場を継いだのは清盛だったといえるだろう。ここに事実上、摂関家は平氏と一体化し、平氏の支配下に置かれた。後白河の寵妃《ちょうひ》で高倉の母である平滋子（建春門院《けんしゅんもんいん》）は、清盛の妻時子《ときこ》の妹であったことから、清盛は後白河にも接近し、仁安二年、盛子は高倉の養母となって摂関家・天皇家・平氏をつなげる存在となるのである。

摂関基房と平氏

基実が没した五か月後の仁安元年一二月二四日、京都堀川押小路《ほりかわおしのこうじ》で起こった火災は、東三条殿に燃え移り、全焼した（陽明文庫所蔵《ようめいぶんこ》『兵範記《ひょうはんき》』逸文《いつぶん》）。東三条殿は摂関家代々の邸宅であり、師実以降は重要儀式の会場として用いられてきたが、この後、再建されることはなかった。この火災は、摂関家にとって一つの時代の終わりを象徴する出来事となったといってよいだろう。まさに基実の死以降、摂関家は分裂、抗争の時代を迎えることになるのである。

ここまで見てきたように、基実の没後、摂関家の財産は基実未亡人である盛子に相続されたが、摂政となった基房はこれに不満を募らせていた。基房にしてみれば、基実の死によって摂関職を継承したが、ほとんどの財産が相続できないうえに、一代限りの摂関にされてしまった。本来忠通の後継者であったと自認するかれにとって、この扱いはとうてい受け入れがたいものであろう。

こうしたなかで、基通を後見して事実上摂関家を支配する平氏と基房との対立は深まり、このことは嘉応《かおう》二年（一一七〇）、従者どうしの争いというかたちで顕在化した。七月三日、基房が車で白河院《しらかわいん》の追善仏事《ついぜんぶつじ》である法勝寺御八講《ほっしょうじごはっこう》に向かっていたところ、清盛の孫資盛《すけもり》が乗る女車《おんなぐるま》に出くわし、基房の政所舎人や居飼《いかい》舎人（御厩舎人と同様、牛馬の世話をした下級職員）らが資盛の車を破壊したのである。

だが、これに対して、平氏側もただ黙っているはずはなかった。同年一〇月二一日、基房が高倉天皇の元服議定《ぎじょう》のため、大内裏に向かっていたところ、辻から武士が多数現れ、前駈《さきがけ》の従者たちを馬から引き落とし、そのなかの多くの者の髻《もとどり》を切り落として恥辱を与えた。基房はあわてて路を引き返して帰宅したが、この後しばらくはおびえて外出できなくなってしまったのである（殿下乗合《でんかのりあい》事件）。

基房への襲撃事件は、摂関の権威が低落したことを世間に見せつけるものとなったといえるだろう。これ以後、基房は平氏に急速に接近し、翌承安《しょうあん》元年（一一七一）には、基房は閑院流《かんいんりゅう》の三条公教《さんじょうきんのり》（公実《きんさね》の孫）女《むすめ》と離婚して、平氏に近い前太政大臣《だいじょうだいじん》花山院忠雅《かざんいんただまさ》の娘忠子《ちゅうし》と再婚している。忠子の兄弟である兼雅《かねまさ》は清盛の婿《むこ》になっており、忠子との結婚を通して、基房は清盛とも縁続きになったのである。

こうしたなか、清盛は承安二年二月には、娘の徳子《とくし》を高倉天皇の中宮にして、天皇家との関係を強化した。清盛は当時の権力中枢である摂関家・天皇家と密接な関係を構築し、天皇を中心とする権力のなかに深く入り込んだのである。しかし、安元《あんげん》二年（一一七六）

七月、清盛と後白河を結ぶ存在であった建春門院が病没すると、清盛と後白河の関係は悪化し、後白河は清盛を露骨に排斥《はいせき》するようになる。すると、ここで基房も後白河に接近し、再び平氏に対して公然と楯突きはじめた。

その最初は治承二年（一一七八）一二月、高倉天皇の皇子言仁《ときひと》親王の立太子《りったいし》でのことであった。言仁の母は徳子で、清盛の外孫なのだが、ここで基房は岳父の忠雅と図って立太子を仕切ろうとし、妻忠子を言仁の養母にしようとした。つまり、基房は清盛をさしおいて、言仁を義理の子息として自分の側に取り込もうとしたのである。これが天皇外戚になろうとする清盛への妨害であったのは明らかで、基房の背後には清盛と主導権争いを繰り広げる後白河の存在があったと考えられている（栗山二〇一八）。

そして、翌年になると、基房は我が子を摂関家の家督につけようと動きはじめる。基房には忠子との間に嫡男師家《もろいえ》がいたが、かれは治承二年四月、元服し、摂関家の家嫡を象徴する正五位下で叙爵した。そして、治承三年一〇月には、わずか八歳で従三位《じゅさんみ》に叙され、中納言《ちゅうなごん》に任じられた。しかも、このとき師家は、年上の基通の官位も飛び越えている。基房は後白河と結んで、師家のスピード昇進を成し遂げ、基通ではなく、師家こそが摂関家の家嫡であると広く世間に示したのである。

しかも、治承三年六月一七日、盛子が二四歳で死去した。すると、盛子が高倉天皇の養母になっていたことから、後白河は盛子が保持していた摂関家領を高倉に相続させ、院司を盛子の倉の管理人に任じて、摂関家の財産を平氏から取り上げてしまった。これも基房と後白河の良好な関係から考えると、いったん天皇に預けたうえで、ゆくゆくは基房のものとする計画であったと考えられる（河内二〇〇七）。だとすれば、基房が中継ぎではなく、本命の摂関になるのも、目前であったということになるだろう。

ところが、長らく盛子・基通を擁して摂関家と一体化し、摂関家領を自らの権力基盤としてきた清盛からすれば、このことは許されるものではなかった。治承三年一一月一四日、清盛は「法皇、博陸《はくりく》（関白）と同意し、国政を乱さる」と訴えて（『玉葉』一一月一五日条）、当時、本拠としていた摂津国福原《せっつのくにふくはら》から数千の兵を率いて上洛し、後白河を鳥羽殿《とばどの》に幽閉するとともに、基房の関白を解任、師家とともに流罪《るざい》に処したのである（治承三年の政変）。こうして摂関家の財産は基通のもとに戻され、基通は基房の跡を襲って関白になった。

摂関家の分裂抗争と戦乱

兼実の台頭

治承三年（一一七九）一一月一五日、藤原基通は清盛によって擁立され、関白に就任したが、かれはかなり問題の多い関白であった。第一に基通は直前まで正二位右近衛中将《しょうにいうこのえのちゅうじょう》に過ぎず、参議《さんぎ》以上の公卿としての官職を経験していなかった。第二に父基実が没したとき、わずか七歳で、しかも基房との関係は良くなかったため、半ば放置され、政務や儀式の作法についての教育を受けてこなかった。つまり、かれは何もわからないままに関白になってしまったのである。

そこで、基通を指導し、後見することになったのが、基通の叔父にあたる右大臣兼実であった。兼実は基実・基房のすぐ下の弟で、長兄基実の猶子になっていたことから、基通

図12　九条兼実（『天子摂関御影』宮内庁三の丸尚蔵館所蔵）

はかれを頼ったものらしい。そもそも兼実は基実没後は、基房について作法を習い、摂関基房の下、儀式・政務の上卿《しょうけい》（責任者）として、その朝廷運営を支えてきた（樋口二〇一八A）。基房が流罪になると、摂関家では兼実以上に政務の経験があるものがいなかったから、自然と兼実の存在は大きくなっていたのである。

　しかも、兼実を頼ったのは基通だけではなかった。高倉天皇も、頼りない基通より兼実の方を頼るようになり、譲位について相談したり、天皇の儀式作法など、本来関白が天皇に教えるべき案件まで、兼実に命じてまとめさせている（樋口二〇一六）。兼実も「関白有若亡《うじやくぼう》（有って亡きが若《ごと》し）」と述べており（『玉葉』治承四年正月二〇日条）、関白基通が機能しないなかで、かれは事実上の関白としての役割を担うようになっていった。

こうした摂関の役割を補佐・代行する存在の出現は、一二世紀以降、摂関が世襲の職となった以上、必然であったと思われる。前近代の地位継承は、世襲といっても跡継ぎが生まれなかったり、生まれても早世するなどといったことも多く、安定的な継承は難しかった。そうなると、天皇家で幼帝が即位して、天皇の職務を補佐・代行する摂関が出現したように、摂関家でも未熟な摂関が登場し、それを補佐・代行する存在が出現してもおかしくない。むしろこのことは摂関家の成熟を物語るものといえるだろう。

なお、兼実のこうした役割に対して、制度的な地位が与えられたわけではなかったが、兼実の日記『玉葉』治承四年八月二九日条には、伝聞として、平氏がかれを内覧《ないらん》に任じようとしていたという情報が記されている。兼実は平氏に批判的で、このときは仮に就任を打診されても受けなかったものと思われる。だが、のち兼実が実際に内覧に任じられることで、ここでの構想は現実化する。これについてはまた後で述べることにしよう。

ところで、兼実は異母姉皇嘉門院《こうかもんいん》聖子《せいし》（崇徳《すとく》天皇皇后）の猶子でもあり、皇嘉門院御所に隣接する九条殿《くじょうどの》（九条富小路殿《くじょうとみのこうじどの》）を本拠としたので「九条殿」と呼ばれた。一方、基通は祖母源信子（基実母）の近衛殿《このえどの》（近衛室町殿《このえむろまちどの》）を本拠としたので「近衛殿」と呼ばれた。基房は承安三年（一一七三）一二月、上西門院《じょうさいもんいん》（後白河の同母姉）御所であった松殿《まつどの》

（中御門烏丸《なかみかどからすま》）の跡地に邸宅を造営し、そこを本拠としたので「松殿」と呼ばれた。そこで、本書では以下、兼実の家系を九条流、基通の家系を近衛流、基房の家系を松殿流とあらわしたい。

戦乱の発生と拡大

治承四年二月、高倉は皇太子言仁に譲位し、言仁は即位して安徳《あんとく》天皇となった。基通は摂政となり、ますます重責を担うことになった。だが、同年五月、後白河の第三皇子高倉宮以仁王《たかくらのみやもちひとおう》の挙兵をきっかけにして、政権は非常事態に突入した。以仁王の反乱はすぐに鎮圧されたものの、藤氏長者である基房の流罪に対する反発から、興福寺が以仁王に同調し、反乱鎮圧後も軍勢を上洛させる構えをとりつづけた。混乱を恐れた清盛は六月二日、安徳と後白河・高倉をかれの本拠である福原に連行したが、その後も関東で源義朝の子頼朝《よりとも》が挙兵するなど、全国で平氏に対する反乱が続発したのである。福原遷幸《せんこう》に際し、基通は天皇とともに福原に同行したが、福原には貴族の居住地がわずかであったため、兼実は京都に滞在し続けた。こうしたこともあって、しだいに基通と兼実の関係は疎遠になっていった。

同年一〇月二〇日、平氏軍が富士川《ふじかわ》で関東の反乱軍に大敗すると、反乱勢力は京都周辺まで迫り、京都の占領を恐れた清盛は一一月二三日、福原に造営中であった新都を棄て、天皇・院とともに京都に戻って反転攻勢に出た。しかし、一二月、平氏軍は興福寺に対する攻撃にあたり、戦火によって東大寺・興福寺以下、奈良の大寺院の伽藍《がらん》を焼失させてしまう。そのうえ、年が明けて治承五年になると、正月には高倉院、閏二月には清盛と指導者の死が相次ぎ、政権は不安定なものになった。こうしたなかで、後白河が復活して院政を再開させ、内乱鎮圧は後白河の主導下に、平氏によって担われるようになった。

一方、基通は清盛の娘完子《かんし》と結婚しており、基通の摂関就任以後も、清盛は事実上、摂関家領の支配権を握って権門の長たる地位を占め続けた。清盛が没すると、三男宗盛《むねもり》が跡を継いで一門の長となったが、摂関家領の支配権についても、このとき同時に宗盛に継承されたようである。養和《ようわ》元年（一一八一）、藤原邦綱の娘たちは焼失した興福寺維摩堂《ゆいまどう》再建のため、邦綱から領家職を譲られた摂関家領のうち二、三か所を盛経法師《もりつねほうし》なる人物に預けたが、娘たちと盛経の間にはトラブルがあったらしく、彼女たちは宗盛のもとに訴え出ている（『玉葉』七月二三日条）。摂関家領をめぐる問題で、宗盛に訴えが出されるのは、この時期、宗盛が支配の実権をもつ存在と見なされたからに違いない。

また、同月十六日、基通は天変《てんぺん》についての祈禱《きとう》を行うか否か、兼実に尋ねているのだが、これも宗盛の命によるものであった（『玉葉』）。官位の上では、宗盛は前権大納言で、明らかに基通の下位に位置する存在なのだが、実際は基通は宗盛の命令によって動いていたのであり、宗盛の操り人形に過ぎなかったのである。こうした事実は、平氏一門が摂関を通して朝廷を動かしていたことを示すものとしても興味深い。

寿永二年の「君臣合体」

治承五年三月、平氏の追討軍は墨俣川《すのまたがわ》合戦で源行家《ゆきいえ》（義朝弟）率いる反乱軍を破ったが、これ以後、二年余りは全国的な大飢饉の発生もあり、大規模な追討軍は派遣されなかった。しかし、こうしたなか、源義賢《よしかた》（義朝弟。頼長と男色《だんしょく》関係にあったことで知られる）の子である木曽義仲《きそよしなか》は、平氏与党である越後城《えちごじょう》氏《し》の軍勢を破って勢力を信濃《しなの》から北陸へと拡大させた。そこで、寿永《じゅえい》二年（一一八三）四月、朝廷は義仲追討軍を北陸に派遣したが、追討軍は義仲軍に惨敗し、反対に勢いづいた義仲軍は、行家ら反平氏勢力と合流して京都に迫った。

平氏一門は軍勢を派遣して反乱軍と対峙《たいじ》したが、七月二五日、突然兵を撤収して都落ちした。このとき宗盛は安徳天皇を連行したが、後白河は直前に比叡山《ひえいざん》に脱出して連行をまぬがれた。これによって平氏の計画は失敗し、かれらは朝敵として逆に追討される側になるのである。この後白河の脱出劇については、背後に基通の働きがあったことが知られる。この年五月、平氏の追討軍が北陸の合戦に惨敗すると、七月上旬、基通は盛子の女房だった冷泉局《れいぜいのつぼね》を仲介人として後白河と接触し、後白河との間に性的な関係を結んだ。こうして後白河と深く結びついた基通は、義仲の軍勢が京都に迫ると、後白河に平氏都落ちの情報を密告し、後白河は連行をまぬがれたのである。

また、このとき、基通も平氏に同行すると見せかけて途中で引き返し、同じく比叡山に登って院のもとに駆けつけた。これによって基通は清盛の婿で、平氏の操り人形であったにもかかわらず、摂政を解任されなかった。こうした後白河と基通の関係について、兼実は日記に「君臣合体の儀、之《これ》を以《もつ》て至極《しごく》となすべきか」と記している（『玉葉』八月一八日条）。この当時、貴族社会では男色は特別なことではなく、平治の乱を起こした藤原信頼や、安元三年（一一七七）、清盛殺害を計画したとして処刑された藤原成親《なりちか》も、後白河の男色相手であったといわれている（五味一九八四）。だが、基通は摂政として臣下のトップであり、兼実はこれを君臣一体化の極致だとして皮肉ったのである。

基房の復活

治承三年の政変により、基房は大宰権帥《だざいのごんのそち》として九州に左遷されたが、直後に出家したため、備前《びぜん》への流罪に改められた。だが、平氏政権が行き詰まるなかで、清盛は治承四年一二月、基房の罪をゆるし、基房は京都に戻って嵯峨の母の邸宅に住んだ。かれはその後も、しばらくは表舞台に出なかったが、平氏政権が崩壊すると、復権に向けて活発に動きはじめた。平氏都落ちの直後、基房は院御所に参り、師家を摂政にするよう訴えたのである。後白河がこれを一蹴《いっしゅう》すると、それならば摂関家領を分割して給与されたいと願ったが、後白河は「摂政氏長者改易無《うじのちょうじゃかいえき》くんば、何ぞ所領の違乱《いらん》（秩序を乱すこと）に及ばんや」と主張して、これも退けた（『玉葉』寿永三年二月一一日条）。

一方、平氏が都落ちした後、寿永二年七月二八日、木曽義仲・源行家らの軍勢が上洛した。だが、西国に下った安徳天皇に代わる新帝の選定をめぐって、義仲と後白河は対立した。義仲は、自らが旗頭として擁立した以仁王の皇子（北陸宮）を即位させようとしたが、後白河はこれを退け、高倉の第四皇子尊成《たかひら》（後鳥羽《ごとば》天皇）を即位させたのである。しかも、後白河は義仲より頼朝を厚遇し、かれに東国支配権を認める（これによって事実上、鎌倉幕府が成立する）などしたので、義仲と後白河の関係は悪化し、寿永二年一一月一九日、義仲は後白河の法住寺殿《ほうじゅうじどの》を襲撃して、後白河を幽閉した（法住寺合戦）。

ここで基房に復活のチャンスが訪れる。基通は後白河の寵愛を得ており、後白河が院政を行っている限り、基通が地位を失う可能性は低かった。ところが、義仲によって後白河院政が倒されると、後ろ盾を失った基通は宇治から奈良へと落ちのびていった。これを見た基房は義仲と手を結び、わずか一二歳の嫡男師家を摂政にすることに成功したのである。

ここで基房が自身でなく、師家を摂関にしたのは、基房がすでに出家していたからだろう。とはいえ、師家が摂関になったのは表向きだけで、実際はあくまで「松殿ノ返リナリタル(基房の摂関復任)」というのが実態であった(『愚管抄』巻第五)。

基房は復活すると、基通から摂関家の財産も全て奪い、後白河が基通の分を残すよう懇願しても、これに耳を貸さなかった(『愚管抄』巻第五)。預所《あずかりどころ》などの荘園所職も、当初、義仲が変更はしないといっていたにもかかわらず、基房は全てに政所下文《まんどころくだしぶみ》を下して総入れ替えし、このうち八〇か所は義仲に与えたという(『玉葉』寿永二年一一月二八日条)。基房の頭のなかには、平氏都落ち直後、嘆願をはねのけられたときの怨みがあったに違いない。そのとき、後白河は基房に「摂関家領はたやすく分割できない」と語ったが、基房はその言葉を逆手にとって財産を残さず奪い取ったのである(『玉葉』寿永三年二月一一日条)。

しかし、基房・義仲の政権は、砂上《さじょう》の楼閣《ろうかく》に過ぎなかった。実は後白河は法住寺合戦の前、頼朝に軍勢上洛を依頼しており、これを受けて頼朝は弟義経《よしつね》を代官として軍勢を京都に差し向けていたのである。寿永三年正月二〇日、義経の大軍が入京すると、義仲は戦わずして東へ走り、近江国粟津《おうみのくにあわづ》で討ち取られた。ここに後白河院政が再開され、師家はわずか六〇日にして摂関の地位を追われた。しかも、基房が義仲と一緒になって後白河を西国（実際は北陸か）に連行しようとしていたことから、基房は院の不興を買い（『玉葉』寿永三年二月一一日条）、使者を御所に派遣して詫びを入れたが、返事はなかった。師家も院御所に参上しようとして追い返されたのである。

前摂政基通は失脚後、京都西郊の西林寺《さいりんじ》に逃れていたが、義仲が没落すると、近衛殿に戻り、摂政に再任された。しかし、基通は相変わらず政務に慣れず、「摂籙臣《せつろくのしん》ハジマリテ後、コレ程ニ不中用《ふちゆうよう》ナル器量ノ人ハイマダナシ」（『愚管抄』巻第五）と見られていた。「不中用」とは役立たずのことで、要するに無能だというのである。

頼朝と摂関家

一方、頼朝の代官として上洛した義経は、続いて平氏の追討も命じられ、寿永三年二月八日、摂津国一ノ谷・生田森《いくたのもり》で平氏軍に大勝した。頼朝自身は関東から動かなかったが、その勢力は義仲に代わって朝廷の軍事的支柱になったのである。すると、摂関家では基房と基通がそれぞれ頼朝に使者を派遣した（『玉葉』寿永三年三月二九日条）。両者はお互い頼朝を利用し相手を蹴落とそうとして、頼朝への接近を画策したのである。

こうしたなか、同年八月には、後白河が基通と頼朝の娘を結婚させ、頼朝が上洛したときに新妻を五条東洞院《ごじょうひがしのとういん》の邸宅に迎える、との話も持ち上がった（『玉葉』八月二三日条）。

これまで基通は婚姻関係を通して平氏一門と一体化してきたが、今度は頼朝と一体化するというのである。実は『平家物語』（巻第八「法住寺合戦」）によると、法住寺合戦後、基房も娘を義仲と結婚させたとされる。摂関家と武家勢力との結合については、荘園支配のための武力が必要であったため、との説が出されているが（田中一九九四）、基実が盛子と結婚して以降、武家勢力との関係は荘園支配のみならず、摂関家全体のあり方を大きく左右してきた。摂関家の家督をめぐって近衛流・松殿流が争うなかで、武家勢力と結んだもののだけが家督となり財産を総取りした。だからこそ、かれらは武家の勢力図が変わるたびに、新たな勢力と結びつき、一体的な関係を築こうと躍起になったのである。だが、ここには大きな落とし穴があることに注意したい。これでは摂関家は武家の支持を得なければ、地位や財産が維持できないことになる。それ故、反対にこれ以降、武家勢力（幕府）は摂関の人事に介入し、しだいに大きな影響力をもつことになるのである。

実際、一ノ谷・生田森合戦の直後、頼朝も摂関人事に介入しようとした。右に見たように、基房・基通は頼朝に使者を送り、接近を図ったのだが、実は頼朝の意中は兼実にあった。寿永三年三月、頼朝は兼実を摂政にするよう、後白河に申し入れを行ったのである。このとき頼朝の申し入れは後白河によって黙殺された。しかし、翌年一二月、兼実は頼朝の再度の申し入れによって内覧となり、それから三か月後の文治《ぶんじ》二年（一一八六）三月には摂政に任じられることになる。ここに頼朝を後ろ盾とする摂関が誕生するのである。

それでは、なぜ頼朝の最初の申し入れは黙殺されたのに、二度目の申し入れは受け入れられたのだろう。これについてはこの間の政治的な事情から述べなければなるまい。

兼実の内覧宣下

元暦《げんりやく》二年（一一八五）三月、義経は長門国壇ノ浦《ながとのくにだんのうら》での平氏との最後の戦いに勝利し、平氏は滅亡、安徳天皇は入水した。だが、この後、義経と兄頼朝の関係は急速に悪化し、同年一〇月、頼朝は京都にいる義経に刺客《しかく》を送ってその殺害を謀るに至る。刺客による襲撃は失敗したが、命の危険を感じた義経は、後白河に迫《せま》って頼朝追討宣旨《せんじ》を給わり、頼朝と全面対決の姿勢を示した。しかし、頼朝追討宣旨が出されても、義経に従う武士はおらず、かえって窮地に陥った義経は京都から没落した。一方、頼朝は自身に対する追討宣旨が出されたことに激怒し、文治元年（元暦二年から改元）一一月、妻政子《まさこ》の父北条時政《ほうじょうときまさ》に軍勢を付けて上洛させ、朝廷政治を刷新すべきとの要求を伝えた。ここで時政が持参した頼朝の申状には兼実を内覧とすべきとの要望が記載されていたが、ここに至っては後白河もこれを飲まざるを得ず、要求通り、兼実は内覧に任じられたのである。

ただ、ここで兼実が任じられたのが、摂政ではなく内覧だったのはなぜなのだろう。これは、基本的には基通が摂政を解任されなかったからである。頼朝は時政の派遣にあたり、事前に後白河と交渉しており（河内一九九〇）、摂関人事に関しても、後白河と妥協して、後白河の嫌がる基通の摂政解任を避けりた。この結果、兼実は内覧とされて、摂政基通が並立することになったのである。

しかも、実はこれは後白河の構想にも沿ったものだったようである。後白河は義経没落後、頼朝追討宣旨発給の責任を取って政務を引退するといい、今後は基通と兼実が以前のように協調して国政を執り行うようにと述べていた（『玉葉』文治元年一一月二三日条）。後白河が引退した場合、後鳥羽天皇は幼いから、朝廷は摂政基通によって主導されることになる。しかし、基通は無能であり、そうなれば、再び兼実の補佐が必要になるだろう。後白河は当初より、自分が引退した場合には、基通の補佐役として兼実が必要と考えていたのである。また、ここで「以前のように」というのは、平氏政権期、兼実が基通を補佐・代行していたときのことをさしている。このとき兼実を平氏が内覧に任じようとしたことは、すでに見た通りだが、後白河はこうした体制の復活を望み、それは頼朝の申状を通して実現したのである（樋口二〇一九ａ）。

しかし、兼実にしてみれば、前回同様、摂政に推挙されると思っていたのに、ふたを開けてみれば、以前と同様の基通の補佐・後見役にすぎなかったわけで、これにはたいそう不満であったようである。一方、基通も実権を奪われかねない兼実の内覧宣下に反発して、政務・儀式への参加をサボタージュしはじめた。後白河も国政を兼実に任せようとしたが、兼実は及び腰だったので、朝廷運営は停滞してしまう。ここに至って、改めて頼朝が兼実を摂政に任じるよう迫ると、後白河もついに観念して摂政基通を解任し、兼実を摂政に任じたのである。

近衛・九条流の対立

摂関家領をめぐる相論

文治二年（一一八六）三月一二日、摂政が基通から兼実に交代したことで、問題になったのは、摂関家領をはじめとする財産の行方であった。これらは法住寺合戦にともなって基通が失脚し、基房が復活すると、全てが基房によって接収されたが、その没落とともに再び基通のもとに戻っていた。摂関交代に際し、改めて兼実はこの引き渡しを主張したのである。ここまで述べてきたように、摂関家の代々の財産とは、単に経済的な価値をもつだけの資産ではない。摂関家が近衛・松殿・九条の三流に分かれ、相互に摂関職をめぐって争うなか、代々の財産を所有するということは、自流の正統性をあらわす重要な指標となった。基房のように、摂関に任じられても、財産を相続できなければ一代限りと見なされ、摂関家を継承したことにはならなかったのである。

この問題について、兼実は後ろ盾である頼朝を通し、財産の引き渡しを訴えたが、基通は後白河を頼り、頑強《がんきょう》に抵抗した。『吾妻鏡《あづまかがみ》』文治二年五月一八日条に引用された後白河の院宣によれば、家領《けりょう》を強奪《ごうだつ》されることは、基通のために「尤《もつと》も不便」であるといい、「基房のときも、藤氏長者に関わる財産以外は、摂関に引き渡されなかった。今の摂関兼実は姉皇嘉門院の所領を知行しており、基房のときとは違う」というのである。

これに対し、頼朝は、基通が全て所領を手放すのは「尤も糸惜《いとお》しみ有るべし」と同情しながらも、「当時殿下（兼実）一切家領を知られざるは（知行しないのは）、尤も不便」と理解を求め、次のような妥協案を提示した。すなわち、それは「高陽院方を以て前摂政方となし、京極殿方を以て当時殿下領となす、尤も宜《よろ》しかるべきか如何《いかが》」というもので、摂関家領の中核である二大荘園群のうち、高陽院領を基通、京極殿領を兼実というかたちで折半しようとしたのである（『玉葉』七月三日条）。

確かに摂関家領を折半するというのは合理的に見える。だが、一方で問題なのはそれぞれの荘園群の中身で、なかでも核心にあったのは、京極殿領であった。京極殿領は摂関家の重要な年中行事の財源とされてきた荘園群で（川端二〇〇〇）、師実以来、家督に伝領され、忠実が忠通義絶にあたって没収したのもこれだった。京極殿領は摂関家の家督を象徴する荘園群であり、だからこそ、頼朝はこれを兼実に相続させようとしたのである。

しかし、一方でそれ故に基通もこの案には強硬に反対した。基通が無能にもかかわらず摂政でいられるのは、摂関家の家督にあったからであり、家督の指標となる京極殿領を維持できるか否かは、近衛流の存亡にも関わる問題だったのである。結局、七月三日、頼朝の提案に対し、後白河は基通と書簡を二、三往復やりとりし、説得を試みたのだが、基通は折れなかった。結果、後白河は摂関家領を全て基通のものとすることを認め、その旨関東に通知した。このほか文書・日記などの財産も同様であったと考えられる。これによって兼実はかつての基房と同じく、摂関に任じられながら摂関家の財産を継承できないという不安定な位置に立たされたのである。

では、なぜ兼実は財産相続に失敗したのだろう。基房は法住寺合戦後、義仲と結んで基通から財産を強制的に接収した。一方、兼実は頼朝を後ろ盾として摂政になったものの、頼朝は鎌倉にあって上洛せず、代官の北条時政も兼実の摂政就任直後、鎌倉に帰っていた。このことから考えれば、兼実が財産相続できなかったのは、義仲のような強制的な力がなかったからだろう。こうしたなかで、しだいに後白河院政も復活し、頼朝が進めようとしった朝廷政治の刷新は骨抜きにされていった。

建久七年の政変

摂関家の財産を継承できなかった兼実は、代わりに摂関としての実績づくりを進め、それによって正統性を強調した。たとえば、南都焼《なんと》き討ちによって焼失した興福寺の再建は、基通の時代には停滞していたが、兼実は摂関に就任すると、これに熱心に取り組み、建久《けんきゅう》五年（一一九四）、中金堂《ちゅうこんどう》の落慶《らっけい》を果たした。近年、兼実による興福寺再建事業については、自らを氏《うじ》の始祖である藤原鎌足《かまたり》と重ね合わせ、摂関・藤氏長者として正統な存在と見せつけることをねらったものだったとの評価も出されている（高松二〇〇四）。

また、文治六年（一一九〇）正月、後鳥羽が元服すると、同年四月、兼実は娘任子《にんし》を入内させ、中宮とした。これ以前、基房は妻忠子を安徳の養母に、基通も姉妹の通子《つうし》を同じく安徳の養母にして天皇家との関係を結んだが、天皇の妻后は輩出しなかった。兼実は二条天皇の中宮育子以来、二八年ぶりに娘の立后を果たしたのである。

このほか、前述の通り、摂関家は基実以来、天皇家だけでなく、武家勢力とも婚姻関係を通して一体化するようになったが、兼実も例にもれず、武家勢力との婚姻関係を結んだ。

建久二年六月、兼実の二男で跡継ぎである良経《よしつね》は、一条能保《いちじょうよしやす》の娘と結婚したのである。能保は頼朝の妹婿で、娘は頼朝の姪にあたる。能保は御堂流傍流（頼宗流《よりむねりゅう》）出身の貴族ではあるが、京都守護《しゅご》として京都における頼朝の代官の役割を果たしていた。良経の結婚により、九条流は京都における武家の統括者と一体化したといえるだろう。

建久三年三月一三日、後白河が六六歳で死去すると、兼実は国政の主導権を掌握する。その直後、兼実は将軍への任官を求めてきた頼朝に対して、坂上田村麻呂《さかのうえのたむらまろ》の吉例により、征夷大将軍《せいいたいしょうぐん》に任じることを決定した（櫻井二〇〇四）。ここに鎌倉幕府は征夷大将軍をトップとして朝廷の武力を担う機構として制度化され、兼実は幕府との連携のもと、改めて朝廷改革を推し進めた。そして、こうしたなかで、建久六年にはついに娘任子が懐妊《かいにん》した。兼実は皇子誕生のための祈願を盛大に執り行い、周囲は皇子誕生かと色めき立った。任子入内前の文治五年、兼実は「入内の本意、只《ただ》皇子降誕《こうたん》に在り」として、先祖である鎌足・不比等《ふひと》・道長《みちなが》の墓に使者を派遣していた（『玉葉』一一月二八日条）。道長のように外孫を天皇に即位させ、摂関政治を再興することこそ、かれの理想だったのである。

ところが、八月一三日、任子が出産したのは皇女（昇子《しょうし》内親王）であった。ここに兼実の求心力は急落した。すると、もと後白河の近臣の一人であった村上源氏《むらかみげんじ》の源通親《みちちか》は、一気に兼実を失脚させようと動き出す。後白河没後、兼実は後白河近臣との対決姿勢をとり、近臣たちの昇進を止めた。また、後白河が寵愛した丹後局《たんごのつぼね》（高階栄子《たかしなえいし》）らが播磨《はりま》・備前《びぜん》の国《くに》で進めていた荘園立荘《りっしょう》の計画をつぶし、丹後局の反発を買っていた。通親は後白河近臣であるとともに、後白河と丹後の間に生まれた覲子《きんし》内親王の後見人だったのである。

通親の妻藤原範子《はんし》は後鳥羽の乳母《うば》であり、この関係を通して、かれは兼実と天皇の離間工作を進めた。また、この頃、頼朝は娘大姫《おおひめ》の入内計画を進めていたが、兼実は任子を後鳥羽の中宮にしていたため、大姫入内に乗り気でなく、頼朝は入内の仲介役として通親に接近していた。そこで、通親はこれを利用して頼朝にも兼実失脚の工作を進めていった。

こうして建久七年一一月二五日、兼実は突如として関白を解任され、任子も内裏を追い出された（建久七年の政変）。詳細は不明だが、『三長記《さんちょうき》』の同年一一月二八日条には「或《あ》る人告げ示して云はく、九条殿に参るの人、関東将軍咎《とが》を成す。用心すべしと云々」とある。このことからすると、失脚の決定打となったのは、恐らく頼朝との関係決裂だったのだろう。やはり兼実にとって、頼朝との関係こそ、政権維持の生命線だったのである。

通親政権と基房

兼実が失脚すると、基通が一〇年ぶりの関白に返り咲いた。しかし、基通の無能ぶりは相変わらずで、儀式では失錯《しっさく》が相次いだ（『玉葉』

正治《しょうじ》二年〈一二〇〇〉正月一日・七日条）。しかも、基通は「公事《くじ》を執らず」といわれており（同七日条）、かれは国政運営を完全に通親に任せていたようである。建久一〇年正月の叙位《じょい》は、通親が蔵人頭《くろうどのとう》藤原親経《ちかつね》と共謀し、「摂政に触れず、上皇にも申さず、只《ただ》意に任せ之《これ》を行」ったという（『玉葉』正月五日条）。

実はこの一年前、後鳥羽天皇は為仁《ためひと》親王に譲位し、為仁は即位して土御門《つちみかど》天皇になったのだが、土御門の母源在子《ざいし》は通親の妻範子の連れ子（実父は法勝寺《ほうしょうじ》執行《しぎょう》能円《のうえん》）で、通親の養女になっていた。通親は天皇の外祖父となるとともに、無能の基通を名前だけの摂政にして、国政の実権を掌握したといえるだろう。兼実は『玉葉』建久九年正月七日条で、通親が「国柄《こくへい》（政権）を執り」「源博陸《げんはくりく》」（「博陸」は関白のこと）と称されたと述べているが、これは誇張ではあるまい。通親は事実上の摂関の役割を果たしたのである。

とはいえ、通親も村上源氏出身で、天皇や摂関の作法にまで通じていたわけではない。そこで、かれが頼ったのが基房であった。正治二年正月、白馬節会《あおうまのせちえ》にあたり、通親は公事を基房に尋ね、その教えに従って節会の運営を行っている（『玉葉』正月七日条）。基房は義仲没落にともなって失脚した後、後白河の怒りを買ってほとんど表舞台に出ることはなくなった。ところが、その後、建久二年、兼実の仲介もあってか、基房は後白河の院御所に参上し、八年ぶりの和解を果たしていた。そして、兼実が失脚すると、兼実に代わる有職者として、改めてその存在が注目されるようになったのである。

また、この時期、基通もそれまでの対立を乗り越え、基房との距離を縮めだした。基通は嫡男家実《いえざね》を基房に師事《しじ》させ、摂関家に伝わる政務・儀式の作法を学ばせたのである。基通は摂関家代々の財産の保持を認められたものの、父基実の早世により、摂関家の作法を継承しておらず、子孫への摂関職継承に不安を抱えていた。近衛流は基房の助けを得ることで、改めて摂関家としての実質を手にすることになったわけである（細谷二〇〇七）。

近衛・九条流の固定化

一方、建久七年の政変の後、兼実は通親によって流罪にされかけたが、それを救ったのは、後鳥羽天皇であった。鳥羽と忠実の関係などと同様、後鳥羽は幼少期から摂関として天皇を支えた兼実や九条流に対して親近感をもっていたのであろう。兼実の嫡男良経は政変後、邸宅の門を閉ざして引きこもったが、内大臣《ないだいじん》の職にとどめられ、かえって正治元年六月には左大臣に昇進した。そして、その年一二月、良経は後鳥羽によって兵仗《へいじょう》（警護の護衛官）を付与され、朝廷への出仕を再開、翌年二月には、院御所に参って後鳥羽との対面を果たした。九条流は五年ぶりに復活を遂げたのである。

こうしたなか、正治二年七月、良経の妻である一条能保女が死去した。すると、その後妻に迎えられたのは、基房の娘寿子《じゅし》であった。基房は家実への作法の指導を通して近衛流と結ぶとともに、娘の結婚によって九条流とも結んだのである。これも基房の生き残り戦略であろう。良経も妻を介して基房から作法を学び、九条流は摂関家としての正統性を高めていった。

そして、建仁《けんにん》二年（一二〇二）一〇月、通親が急死すると、一一月二七日、良経が内覧に任じられた。これは前述のように、通親がこの時期、事実上の摂関の役割を果たしていたからであろう。通親がいなくなると、摂政基通が独り残されてしまうが、基通だけでは政権運営はおぼつかない。そのため、天皇は良経を内覧に任じることで、かれに政務を任せようとしたのである。しかし、プライドの高い基通はこれに反発し、出仕を停止して政務をボイコットしてしまう。そうすると、朝廷の運営は停滞してしまうので、後鳥羽は一二月二五日、ついに基通を解任して良経を摂政に任じた。

さて、良経が摂政になると、基通父子は邸の門を閉ざして朝廷への出仕を停止したが、後鳥羽は両者に開門・出仕を命じ、家実は翌年三月には筆頭公卿として政務を奉行する一上《いちのかみ》の地位を良経から譲られて、良経の下で政務を行うようになった。後鳥羽は九条流を重用したが、一方で近衛流も否定せず、双方を摂関家として認めたのである。

これまで摂関家では、近衛・九条・松殿の三流が正統な後継者の地位を争い、一方が摂関になれば、一方は没落するという抗争を繰り返してきたが、ここで近衛・九条流がともに摂関家の後継者として認められたことで、摂関家の分立は固定化した。これには両勢力を均衡化させて自分の統制下に置き、摂関家やそれに従う貴族たちを統制しようとする後鳥羽のねらいがあったことが指摘されている（上横手一九九一）。

良経の急死と九条流

摂政良経は、岳父基房から公事の薫陶《くんとう》を受け、「公事ノミチ職者ノ方キハメタル人」といわれたほか、和歌や書の才能にも秀で、和歌を愛した後鳥羽はかれを「イミジキ関白摂政」として寵愛した（いずれも『愚管抄』巻第六）。しかし、元久《げんきゅう》三年（一二〇六）三月七日、良経は三八歳で急死する。この日の朝、いつもより起床が遅いので、女房たちが起こしにいったところ、すでに冷たくなっていたという（『源《みなもとのいえながにっき》家長日記』）。後任の摂政には、近衛家実が任じられた。

このとき、良経の嫡男である道家は一四歳であったが、後鳥羽は良経の遺児として目をかけ、家実が摂政に就任したことで空席になった左近衛大将《さこのえのたいしょう》に登用した。また、祖父の兼実もすでに出家し、事実上引退状態にあったが、良経が死去すると、もはや引退とはいっていられなくなり、孫の道家を指導した。兼実は建永《けんえい》二年（一二〇七）四月、五九歳で没したが、その後は兼実の同母弟である天台座主《てんだいざす》慈円《じえん》や、古参の家司たちが引き続き道家を支えた。道家は才能にも恵まれていたようで（『愚管抄』巻第六）、建暦《けんりやく》二年（一二一二）には二〇歳で内大臣、建保《けんぽう》三年（一二一五）には二三歳で右大臣、建保六年には二十六歳で左大臣となるなど、順調に昇進を果たしていったのである。

ところで、良経は生前、娘立子《りつし》を土御門天皇の后妃として入内させようとしていたが、後鳥羽の側近女房である卿二位局《きょうにいのつぼね》（藤原兼子）の反対により挫折《ざせつ》した。卿二位局は夫・大炊御門頼実《おおいのみかどよりざね》（摂関家傍流）の連れ子である麗子《れいし》を入内させようと図っていたのである（彼女は元久二年に入内し、中宮となった）。ところが、その後、土御門の母在子に養父通親との密通の噂があったことから、後鳥羽は土御門が我が子であることを疑うようになっていった。そして、正治二年（一二〇〇）には、藤原範季《のりすえ》の娘重子を母とする守成《もりなり》親王が皇太子とされた。後鳥羽は土御門に代えて守成を後継者にしたのである。そのうえで、承《しょう》元《げん》三年（一二〇九）三月、後鳥羽は改めて立子を守成の皇太子妃に迎える。翌年、守成が即位し、順徳《じゅんとく》天皇となると、承元五年正月、立子は立后して中宮となった。これによって、九条流はかえって本命の外戚になるというチャンスを得た。

　こうしたなか、立子は建保六年（一二一八）一〇月、皇子懐成《かねなり》を産んだ。摂関家の実の娘が皇子を産んだのは、万寿《まんじゅ》二年（一〇二五）、道長の娘嬉子が皇太子敦良《あつなが》（のちの後朱雀《ごすざく》天皇）の皇子親仁《ちかひと》（のちの後冷泉《ごれいぜい》天皇）を出産して以来、一九三年ぶりのことで、九条流にとっては良経急死による退勢を挽回する快挙であったといえるだろう。懐成は直後皇太子に立てられ、承久《じょうきゅう》三年（一二二一）四月二〇日、即位する（仲恭《ちゅうきょう》天皇）。ここに道家は天皇の外舅となり、家実に代わって摂政に任じられるのである。

五摂家分立

摂家将軍と九条道家

摂家将軍の誕生と承久の乱

鎌倉幕府《かまくらばくふ》では、建仁《けんにん》二年（一二〇二）、頼朝《よりとも》の長男頼家《よりいえ》が二代将軍になったが、翌年、外祖父北条時政《ほうじょうときまさ》と対立して幽閉された。この後三代将軍となった弟の実朝《さねとも》は、後鳥羽院《ごとばいん》の外舅坊門信清《がいきゅうぼうもんのぶきよ》の娘を妻に迎え、朝廷と良好な関係を築いた。しかし、建保《けんぽう》七年（一二一九）正月、実朝が頼家の子公暁《くぎょう》によって鶴岡八幡宮《つるがおかはちまんぐう》で暗殺されると、幕府と朝廷は調停者を失い、両者の関係は急速に冷え込んでいく。こうしたなか、実朝の母政子は、実朝に代わる後継者として、後鳥羽の皇子を迎えようと、京都に使者を派遣したが、後鳥羽は「日本の国を二つに分けることになる」としてこれを拒否した（『愚管抄《ぐかんしょう》』巻第六）。結果、後鳥羽の皇子に代わって白羽《しらは》の矢が立ったのは、九条道家《くじょうみちいえ》の三男三寅《みとら》であった。

三寅が実朝の後継者となったのは、摂関家出身という毛並みのよさもあるが、より重視されたのは、頼朝との血縁的なつながりであった。前述のように、道家の母は一条能保《いちじょうよしやす》女《むすめ》で、頼朝の姪《めい》であった。しかも、三寅の母は西園寺公経《さいおんじきんつね》の娘掄子《りんし》で、彼女の母も一条能保女、つまり道家の母と姉妹であった。三寅は父方・母方ともに頼朝につながっていたのである。

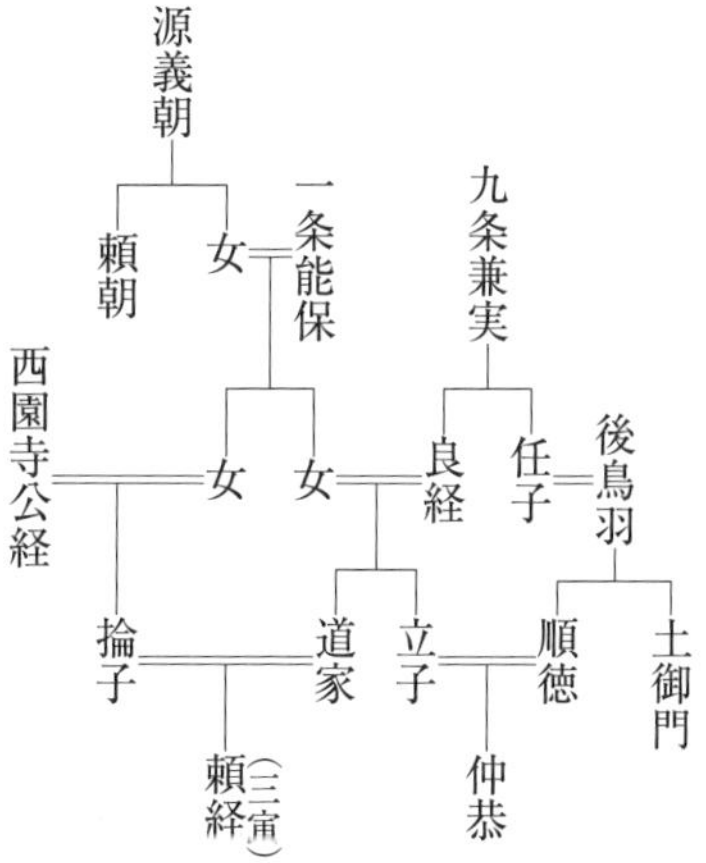

図13　九条流・天皇家・将軍家関係系図

摂関家は基実《もとざね》以来、武家勢力と婚姻関係を結び、一体化を図ってきた。前述のように、筆者は、道家の父良経《よしつね》と一条能保女との結婚もそうした関係の一つと理解するのだが、だとすれば、三寅の鎌倉下向も、その延長といえるだろう。この後、嘉《か》禄《ろく》元年（一二二五）一二月、三寅は元服して頼経と名付けられ、翌年正月、四代将軍となる。鎌倉幕府は摂家《せっけ》将軍の時代を迎えるのである。

一方、京都では、承久《じょうきゅう》三年（一二二一）四月、順徳《じゅんとく》天皇が退位し、皇子懐成《かねなり》が即位して仲恭《ちゅうきょう》天皇となった。仲恭の母は良経の娘立子《りっし》であり、仲恭が即位すると、道家が外舅として摂政に任じられた。ここに道家は鎌倉殿《かまくらどの》（幕府首長）の父、天皇の外舅として公武をつなぐ重要な位置に立ったことになる。だが、それもつかの間、この翌月、後鳥羽は幕府の主導者である北条義時《よしとき》（政子の兄）の追討を命じる宣旨《せんじ》を発して兵を挙げ、ついに幕府と軍事衝突した（承久の乱）。しかも、結果は官軍の惨敗《ざんぱい》で、敗れた後鳥羽は出家して隠岐《おき》に流され、土御門《つちみかど》・順徳上皇も土佐《とさ》・佐渡《さど》に配流《はいる》となった。仲恭は即位したばかりで、まだ四歳であったが、皇位を廃され、道家の九《く》条殿《じょうどの》に移った。すると当然、道家も摂政を辞めさせられ、そのあとには前関白近衛《このえ》家実《いえざね》が復任したのである。

ところで、承久の乱では、幕府の軍勢が京都に乱入し、摂関家も被害をこうむった。『百錬抄《ひゃくれんしょう》』承久三年六月一六日条によると、法成寺《ほうじょうじ》・平等院《びょうどういん》の宝蔵《ほうぞう》に納められていた代々の宝物を武士が「追捕《ついぶ》」（没収）と称して奪い取ったという。これに対して、摂政だった道家は、幕府軍の大将である北条泰時《やすとき》（義時の子）のもとに使者を派遣し、宝物を返却させたというが、摂関家代々の宝物までが没収されかかったという事実は、摂関家も天皇や院を支える存在として、後鳥羽と同罪と見なされる恐れがあったということだろう。

この当時、摂関家は二流に分かれていたので、道家を辞めさせ、家実に代えることで、この危機を乗り越えたが、このように代わり得る存在がなかったなら、摂関家は断絶させられていた可能性もあったのではないだろうか。承久の乱では、分立状態にあったことが、皮肉にも摂関家に有利に働いたといえるかもしれない。

道家の復活

承久の乱後、幕府は後鳥羽に代わる治天《ちてん》の君《きみ》として、後鳥羽の同母兄で持《じ》明院宮《みょういんのみや》と呼ばれていた守貞《もりさだ》親王（行助入道親王《ぎょうじょにゅうどう》）を迎え、守貞の皇子である茂仁《ゆたひと》が即位して後堀河《ごほりかわ》天皇となった。守貞は太上天皇《だいじょうてんのう》の尊号《そんごう》を宣下《せんげ》されて後高倉《ごたかくら》院《いん》となり、院政を開始したが、天皇の経験がないこともあって摂関家との関係は希薄であったようで、貞応《じょうおう》二年（一二二三）二月、後堀河の中宮《ちゅうぐう》に迎えられたのは、閑院流《かんいんりゅう》・三条公房《さんじょうきんふさ》の娘有子《ゆうし》であった。

ところが、貞応二年五月、後高倉が没すると、幕府は京都に使者を派遣し、今後は「万《ばん》機執柄《きしっぺい》の最《さい》」とすべきことを伝えた（『武家年代記』）。「執柄」とは摂関のことで、このことは幕府が関白家実を後高倉に代わる朝廷の主導者として指名したことを意味する。承久の乱後は、幕府が朝廷の体制について、事実上の決定権を握っていたのである。

それはともかく、ここに兼実《かねざね》以来の摂関政治が復活した。家実は朝廷の主導権を握ると、除目《じもく》を意に任せて行い（『明月記《めいげつき》』元仁《げんにん》二年〈一二二五〉正月一一日条）、天皇の後宮《こうきゅう》にも介入した。嘉禄《かろく》二年（一二二六）三月、中宮有子が内裏《だいり》から追われ、代わって六月、家実の娘長子《ちょうし》が入内《じゅだい》、七月には中宮とされたのである。有子の父公房はこれに反発したが、かえって宣陽門院《せんようもんいん》の執事別当《しつじべっとう》を辞めさせられ、荘園知行《ちぎょう》を改易《かいえき》させられて逼塞《ひっそく》した。宣陽門院は後白河院《ごしらかわいん》と丹後局《たんごのつぼね》との娘で、後白河の没後、長講堂領《ちょうこうどうりょう》をはじめとする後白河の主要な財産を継承し、後白河近臣勢力の中核となる存在であったから、同じく後白河を後ろ盾としてきた近衛流とは近く、そもそも長子は宣陽門院の養女として入内したのである。

しかし、家実は承久の乱後、悪化した京都の治安を回復させられず、自ら執り行った除目も強引で支持を得られなかった（井上二〇一四）。しかも、皇后有子に代えて長子を入内させたことは、後堀河の母である北白河院陳子《きたしらかわいんちんし》（御堂流《みどうりゅう》傍流・持明院基家《じみょういんもといえ》の娘）の反発を招いた。後堀河は有子を寵愛《ちょうあい》しており、陳子は有子の皇子誕生を期待していたのである。ここに女院《にょいん》は、家実に対抗する九条道家と結び、家実の罷免《ひめん》を幕府に働きかけ、安貞《あんてい》二年（一二二八）一二月、家実は関白を解任された（曽我部二〇〇九）。

そして、後任の関白には道家が任じられ、復活を果たした。道家は仲恭天皇の摂政であったことから幕府に警戒されていたが、嘉禄二年には頼経が征夷大将軍となっており、幕府内でも将軍の父として無視できない存在となっていたのである。かれは関白になると、幕府からも朝廷の窓口となる関東申次《かんとうもうしつぎ》の役に指名され、幕府との太いパイプを背景にして、訴訟制度の改革を中心に強力な政治を推し進めた。

また、こうしたなかで、道家は改めて天皇家との関係構築も進めていった。道家が関白になると、家実の娘長子は内裏から追われ、代わりに道家の娘竴子《しゅんし》が入内して後堀河の中宮となった。そして、寛喜《かんぎ》三年（一二三一）二月、竴子は皇子秀仁《みつひと》を出産したのである。秀仁は同年一〇月、皇太子とされ、翌年一〇月、即位して四条《しじょう》天皇となった。道家は、道長の妻倫子《りんし》を意識して、自分の妻も、漢字のよく似た「掄子《りんし》」と名付けるなど、自分を道長に重ね合わせたといわれるが（高松二〇一七）、四条の即位によって、かれはまさに摂関家にとって道長以来の天皇外祖父になったのである。

近衛・九条流の合体

道家の復活から四条天皇の即位まで一気に述べてしまったが、ここで少しだけ時間を前に戻そう。竴子が皇子を生んでから五か月後の寛喜三年七月、天皇外祖父の座を手に入れつつあった道家は、関白を長男教実《のりざね》に譲った。

摂関家では基実没後、摂関職を近衛・松殿・九条の三流が争ってきたから、摂関職が父から子に譲与されるのは、保元三年（一一五八）、忠通《ただみち》が基実に摂関を譲って以来七三年ぶりのことであった。このことは九条流が安定的な地位を確立したことを象徴するが、一方で、この人事は当初関東が許さなかったといい、家実復任も噂されていたから（『民経記』七月三日条）、これが実現したことに、近衛流では危機感が強まったものと思われる。このまま九条流が幕府と良好な関係を続け、さらに竴子が生んだ皇子が即位して道家が天皇外祖父になれば、摂関は九条流に独占されることになるだろう。そうなれば、近衛流は摂関家代々の財産を保持しながらも、摂関家から転落することにもなりかねないのである。

一方、教実への関白譲与を果たし、外孫四条の即位によって不動の地位を築いたかに見えた道家であったが、全てが順調というわけにはいかなかった。関白譲与から四年後の文《ぶん》暦《りゃく》二年（一二三五）三月二八日、関白教実が二六歳の若さで急死したのである。この危機に、道家は自身が再び摂政に登板することで政権を維持したが、これによって九条流には後継者不在という問題が表面化した。教実には嫡男忠家《ちゃくなんただいえ》がいたが、教実の没した時点では八歳で、元服もしていなかった。道家自身、まだ四三歳ではあるが、父良経が三八歳、祖父兼実が五九歳で没していることから考えれば、忠家の成人まで待っていられるという保証はなかったのである。

こうしたなかで、突如実現したのが、宿年《しゅくねん》の仇敵《きゅうてき》であった近衛流と九条流の和解であった。嘉禎《かてい》三年（一二三七）正月一四日、家実の嫡男である左大臣兼経《さだいじんかねつね》と、道家の二女仁子《にんし》が結婚したのである。道家の日記『玉蘂《ぎょくずい》』の同日条によれば、この結婚は四、五年来、話があったが、ついに断れなくなって結婚に至ったのだという。だとすると、この縁談は近衛流の方から持ちかけたということになるが、この四、五年前といえば、天福《てんぷく》元年（一二三三）五月、前関白基通が七四歳で没している。近衛流が九条流に歩み寄ったきっかけとしては、教実の関白継承という衝撃に加え、半生を九条流との抗争に捧げた強硬派である基通の死による空気の変化も大きかったのではないだろうか。

一方、道家がこれを受け入れたのは、右に見た後継者問題が大きかったと思われる。道家は教実が没したことで、孫忠家が成長するまでのつなぎの後継者が必要になっていたが、兼経・仁子の結婚から二か月後の嘉禎三年三月、道家は摂政を辞任し、これを兼経に譲っている。まさに道家は兼経を婿《むこ》に迎え、中継ぎの後継者としたのである。そもそも兼経は教実が没し、道家が関白に再任されて以降、道家の下で、筆頭公卿《くぎょう》である一上《いちのかみ》の地位を占めてきた。道家も間近に兼経の仕事ぶりに接し、評価していたのだろう。こうして長年対立してきた近衛流と九条流は和解し、一体化を遂げたのである。

なお、道家は兼経の摂政就任後も天皇外祖父として朝廷の実権を握ったが、家実もまた兼経の実父として政務・儀式に参与した（海上二〇二〇A）。嘉禎四年閏《うるう》二月、道家に会った家実は、兼経が左大臣を辞任したあとに、道家の四男実経《さねつね》を任じるように勧めている（『玉蘂』同年閏二月七日条）。また、同じ年、反対に道家は自身が准三宮《じゅさんぐう》（皇后・皇太后《こうたいごう》・太《たい》皇太后《こうたいごう》に準じる待遇）の宣下を下されようとしたとき、家実は天皇外祖父ではないが、「家の元老」であるとして、かれを准三宮にするように申請したという（『玉蘂』同年四月一〇日条。実際、道家は准三宮宣下を断ったが、家実は准三宮となる）。従来では考えられないことだが、この頃、近衛流と九条流は、トップどうしが地位を譲り合うほどの関係になっていたのである。

松殿流の消滅

ここでもう一つの系統である松殿流《まつどのりゅう》についてもふれておこう。松殿基房《まつどのもとふさ》は後白河を幽閉した木曽《きそ》義仲《よしなか》と結んだため、義仲没落後、後白河院の不興を買い、失脚したが、建久七年の政変後、故実《こじつ》を知る者が不在のなか、再びその存在が浮上したことは先述した。その後、後鳥羽院政においても、後鳥羽は儀式作法に関心をもち基房を公事師範《くじしはん》として重用した。嫡孫《ちゃくそん》（師家《もろいえ》の子）基嗣《もとつぐ》の昇進は、摂関家庶子《しょし》並みの従五位上《じゅごいじょう》からのスタートではあったが、元久《げんきゅう》二年（一二〇五）一一月には摂関家家嫡《かちゃく》を象徴する五位中将《ごいちゅうじょう》に昇進しており、この頃には、松殿流も辛《かろ》うじて摂関家の家格《かかく》を維持していたといえる。このまま行けば、近衛・九条流に加えて、松殿流も摂関職をめぐって争うという展開もあったと思われるのである（樋口二〇一九B）。

ところが、寛喜二年（一二三〇）一二月、基房が八七歳で没すると、松殿流は急速に弱体化する。基房は晩年、藤原行雅女《ゆきまさむすめ》を妻に迎え、彼女との間に忠房《ただふさ》を儲け、寵愛していた。だが、忠房は基房の没した翌年の三月、道家によって大納言を解任されたのである。基房没後、行雅女は基房から与えられた所領をめぐって師家と対立し、結局、所領は関白教実の裁定によって師家側に引き渡されている。ここから考えると、恐らく忠房の解任も、こうした師家と忠房との対立に原因があったのだろう。

しかし、この後残った師家の側にも問題が発生した。寛喜四年三月、基嗣は平光盛《みつもり》（清《きよ》盛《もり》の甥）の娘で、安嘉門院《あんかもんいん》邦子内親王（後高倉院の皇女）に仕える女房が日吉社《ひえしゃ》に参詣するのを途中で待ち伏せて、数騎の軍勢で取り囲み、彼女を連れ去るという蛮行《ばんこう》を起こし、権大納言を解任されたのである。このとき、父師家は天王寺《てんのうじ》の別荘から急ぎ上洛して謝罪したが、道家は「一門の恥辱《ちじょく》」であるとして許さなかった（『民経記《みんけいき》』三月一六日条）。結果、基嗣とその子孫は、二度と公卿に戻ることなく、松殿流は記録から消滅した。

基房没後、松殿流が急速に弱体化し、没落したのは、基嗣の蛮行もさることながら、後継者である師家の政治力にも問題があったと考えられる。基房は師家を元服直後から急速に昇進させ、十二歳にして摂政に任じた。しかも、その直後に失脚してしまうので、師家は政務や儀式をほとんど経験していないのである。これでは、基房という大黒柱を失ったとき、一族が守れるわけがない。基房は公事作法の第一人者として尊重されたが、地位の継承という点で拙速すぎ、つまずいたといえるだろう。

道家の摂関家再編と東福寺

九条道家は、兼経を婿として仇敵の近衛流を包摂するとともに、四条天皇の外祖父、将軍頼経の父として公武に絶大な権力をもったが、その絶頂を示したのが、嘉禎四年（一二三八）の将軍頼経上洛であった。承久の乱後、朝廷が武装解除されたため、京都では盗賊が跋扈《ばっこ》し、治安が悪化していたが、頼経上洛をきっかけに武士の宿衛所である篝屋《かがりや》が設置され、道家は幕府の力を利用して治安の回復を成し遂げた。また、頼経の京都滞在は二月一七日から一〇月一三日までの八か月にわたったが、この間、頼経は多くの武士をともなって道家邸を訪れ、その参内にあたっては、道家から前駈が派遣された。また、六月五日には、頼経は、氏神であり藤氏長者が管轄する春日社にも参詣した。頼経上洛は、道家が幕府と一体的な関係にあることを改めて見せつけたのである。

図14　東福寺三門

そして、こうしたあり方を具現化したものこそ、嘉禎二年、道家が建立を発願し、頼経上洛と同じ嘉禎四年から造営が進められた東《とう》福《ふく》寺《じ》であった。東福寺は平安前期、藤原忠平《ただひら》が建立した法性寺《ほっしょうじ》の境内に、禅顕密併置《ぜんけんみつへいち》の寺院として建立された。建長《けんちょう》二年（一二五〇）、道家は子息たちに対し、東福寺の寺領について、大嘗会《だいじょうえ》・造内裏役《ぞうだいりやく》などの課役が朝廷から課された場合、「家《いえ》の長者《ちょうじゃ》」（摂関を経験した子孫の代表者）が天皇に上奏《じょうそう》して免除を申請せよ、と命じるとともに、守護《しゅご》・地頭《じとう》が支配を煩わした場合、頼経の子孫がこれを誡《いまし》め、停止させよ、とも命じている（「九条道家初度総処分状《そうしょぶんじょう》」）。そのうえで、道家は続けて、摂関は自分の子孫である限り、この誡めに背いてはならない。将軍は頼経の子孫である限り、この誡めに背いてはならない、と述べている。つまり、東福寺は、自分の子孫である摂関と将軍が両輪となって支える寺院と認識されていたのである。

摂関家にとって一族の先祖を供養する中核的な寺院としては、これまで道長の建立した法成寺《ほうじょうじ》があり、道長以降、代々の家長《かちょう》によって管理されてきた。しかし、鎌倉時代に入ると、摂関家は分裂もあって、一族としての一体感は希薄化し、それとともに法成寺はしだいに衰退していった。仏事の費用も滞り、天福元年（一二三三）には「年中恒例仏事、いよいよ以《もっ》て無きが如《ごと》し」といわれている（『明月記』六月十九日条）。

このことから考えれば、この段階での道家による東福寺建立とは、法成寺に代わる摂関家の中核的な寺院の創出を意図したものであったといえるだろう。だとすれば、道家はそこに幕府まで取り込んだのであり、ここからは幕府・摂関家を一体化したかたちでの権力の再編が企図されていたことがうかがえる。平安時代末期、摂関家が分裂して以来、摂関を争う諸流は武家勢力に接近し、かえって武家勢力の介入を受けてきた。だが、道家は将軍の父となるとともに、近衛流との合体によって摂関をめぐる争いを鎮め、従来とは逆に武家勢力を自身の権力の下に位置付けようとしたのである。

しかし、道家政権は頼経上洛を頂点にして、この後、下り坂を転落しはじめる。道家は外孫四条の即位後も、天皇家との関係強化を図り、仁治《にんじ》二年（一二四一）一二月、教実の娘彦子《げんし》を四条天皇の女御《にょうご》として入内させた。だが、翌年正月、四条は不慮の事故がもとで一二歳の若さで急死してしまった。

寛元の政変

道家は次の天皇として、自分に近い順徳上皇の皇子忠成王《ただなりおう》を立てようとした。ところが、順徳は後鳥羽の後継者として承久の乱にも積極的に関与していたため、幕府は忠成王の即位を認めず、土御門上皇の皇子邦仁王《くにひとおう》を即位させた（後嵯峨《ごさが》天皇）。土御門といえば、源通親《みちちか》の外孫であったが、後嵯峨の母も通親の孫娘（長男通宗《みちむね》の娘）で、後見人として通親の四男である前内大臣土御門定通《つちみかどさだみち》の存在が急浮上した（外祖父の通宗は建久《けんきゅう》九年〈一一九八〉に没していた）。道家は天皇外祖父の地位を失い、幕府との関係にも溝が生まれたのである。

ただ、後嵯峨即位後も、幕府は道家による朝廷運営を認め、仁治三年三月には関白兼経が辞任して、道家の二男である良実が関白となる。これによって道家は改めて大殿《おおとの》として政権を主導することになった。しかも、寛元《かんげん》四年（一二四六）正月、後嵯峨は譲位し、皇子久仁《ひさひと》が即位して後深草《ごふかくさ》天皇となったが、後深草の母は西園寺公経の娘姞子《きつし》で、道家妻掄子の姉妹であった。道家は姻戚である西園寺家を通して再び天皇との関係を構築したのである。そして、道家は後深草即位にあたり、良実に代え、溺愛《できあい》する四男実経《さねつね》を関白とすることを幕府に認めさせた。そもそも良実は「不当の心操《しんそう》（心がけ）」があるとされ、長らく放置されていた子で（『明月記』嘉禄二年〈一二二六〉一二月一日条）、外祖父公経には可愛がられたが、道家からはあまり可愛がられていなかったのである。

しかし、この後、鎌倉で起こった騒動が道家を追い詰めていく。寛元二年、将軍頼経は子息頼嗣《よりつぐ》に将軍職を譲ったが、その後も摂関家の場合と同様、大殿として幕政に影響力を与えていた。だが、頼経の周囲には、幕府の実権をもつ執権北条氏《しつけん》（得宗家《とくそうけ》）に反発する勢力が集まりはじめ、頼経と執権の関係が悪化したのである。こうしたなか、寛元四年閏四月、執権北条経時《つねとき》が没し、弟の時頼《ときより》が執権となると、反執権勢力に時頼打倒の動きが広がった。だが、時頼は先手を打って北条氏の庶流《しょりゅう》である名越《なごえ》氏をはじめとする反執権勢力を粛正《しゅくせい》し、同年七月、大殿頼経を京都に送還したのである。

しかも、幕府は頼経の背後には道家がいると見て、かれの関東申次を解任するなど、道家排除にも乗り出した。すると、道家の身内のなかからも、かれに造反する者があらわれた。前述したように、道家は後深草即位後、関白を二男良実から四男実経に交代させた。

これに不満をもった良実は、関東での騒動がもちあがると、幕府に道家の謀反《むほん》を訴えたのである。さらに、このなかで、道家が後深草天皇を廃して六条宮《ろくじょうのみや》（忠成王か）を即位させようと企てていたという疑惑がもちあがると、幕府のみならず、後嵯峨院の道家を見る目も厳しくなった（高橋二〇二〇）。こうして道家は後嵯峨院からも完全に見放されて失脚し、寛元五年正月、幕府の要請によって実経も摂政を解任されたのである（寛元の政変）。

摂関家の再分裂

鷹司家の成立と近衛家

寛元の政変により摂政実経が解任された後、後任の摂政に任じられたのは、前関白近衛兼経であった。後嵯峨天皇が即位してからの六年間に摂関は四人交代し、最初の兼経に戻ったのである。だが、建長四年（一二五二）一〇月、兼経は幕府と協議したうえで辞表を提出し、弟の兼平《かねひら》に摂政職を譲った。これは、翌年、後深草天皇の元服が予定されていたが、兼経は四条天皇のときに元服を奉仕しており、同じ人物が二度摂政として元服を奉仕するのは先例が不吉（崇徳《すとく》・近衛《このえ》天皇の元服は忠通《ただみち》によって執り行われたが、崇徳は保元の乱で配流され、近衛は早世した）とされたためであった（『民経記』一〇月三日条）。

ただ、兼平は兼経の猶子《ゆうし》になっていたが、兼経には実子基平《もとひら》がいた。にもかかわらず、兼経が基平ではなく、兼平に摂政職を譲ったのはなぜなのだろう。この後、近衛流は兼経の近衛家と兼平の鷹司《たかつかさ》家《け》に分かれるため、近世に編纂《へんさん》された『続本朝通鑑《ぞくほんちょうつがん》』には、幕府執権北条時頼が摂関家を分裂させて、その勢力を分けようとしたのだという説が記されている。だが、この四年前の宝治《ほうじ》二年（一二四八）、兼経が摂政を辞任して兼平に譲ろうとしたときは、幕府によって拒否されており（『岡屋《おかのや》関白記《かんぱくき》』一二月二日条）、幕府の側から兼平への摂政譲与を働きかけたとは考えにくい（三浦一九二二）。

図15　鷹司兼平（『天子摂関御影』宮内庁三の丸尚蔵館所蔵）

　そもそも兼平は嘉禎三年（一二三七）の元服以来、摂関家家嫡の昇進ルートで昇進しており、急遽《きゅうきょ》摂政に取り立てられたわけではない。宝治二年、兼経が幕府に送った書簡には、兼平を猶子にしたのは父家実の命令によるものであったと記されている。前述のように、兼経には実子基平がいたが、基平が生まれたのは寛元三年、兼経三七歳のときと遅かったため、家実は家系断絶を危惧《きぐ》して兼平を兼経の猶子としたのである。一方で、基平が生まれると、かれが正統な後継者ということになるが、このときすでに兼平は摂関家の家嫡として右大臣まで昇進しており、兼経と基平の年齢差からして、基平が成長するまでの中継ぎも必要であった。つまり、兼平は中継ぎの後継者として摂政になったのである。

ただ、兼平には摂政に任じられた時点で子息に基忠がおり、建長六年、基平が摂関家家嫡を象徴する正五位下《しょうごいのげ》で叙爵《じょしゃく》する一方で、建長八年、基忠も同じく正五位下で叙爵している。兼平は中継ぎだったとはいえ、その嫡男も摂関家の家嫡として扱われたのであり、兼平の摂政就任を機に、近衛流が二系統に分かれることになったのは間違いない。兼平や基忠は、中継ぎの家長として「近衛殿」とも称されたが、かれらの子孫は、やがて独立して近衛室町殿の北側にある鷹司室町殿を本邸とし、鷹司家と呼ばれるようになった。本書でも以下、兼平にはじまる近衛流の分流を鷹司家、基平につながる近衛流嫡流を近衛家とあらわすことにしよう。

なお、建長五年、近衛流では「近衛家所領目録《このえけしょりょうもくろく》」が作成されたが、これも鷹司家の分出にともない、その家領を近衛家領と区分する目的から作成されたと考えられている（槇一九九三）。ここには近衛家の支配する所領とは別に、兼平に分与された所領四か所が書き出され、「家中課役一向之を勤仕せず《かちゅうかえきいっこうこれごんしせず》」と記されている。兼平に分与された所領は、近衛家の課役を務めないこととされ、近衛家領から切り離されたのである。「近衛家所領目録」では、このほか家実の娘である鷹司院長子《たかつかさいんちょうし》（後堀河天皇中宮）、基通の娘と見られる龍前《たつまえ》に分与された所領も「家中課役一向之を勤仕せず」とされたが、このうち鷹司院領は、彼女が養母宣陽門院から伝領した所領とあわせて兼平に伝えられ、鷹司家領を形成した（金井一九九九）。

道家失脚後の九条流

一方、寛元の政変で失墜した九条流では、その後も激震が続いた。建長三年一二月、鎌倉で僧了行《りょうぎょう》による謀反事件が発覚し、尋問の過程で道家・頼経父子の関与が取り沙汰《ざた》された。すると、後嵯峨は道家以下、九条流の一門を勅勘《ちょっかん》に処し、道家の嫡孫である忠家は翌年七月、右大臣を解任されたのである。また、この直前の建長四年二月二一日には道家が六〇歳で失意のうちに生涯を閉じ、その前日の二〇日には、将軍頼嗣が解任され、四月には京都に追放された。かれに代わって新将軍に迎えられたのは、後嵯峨院の皇子である宗尊《むねたか》親王であり、九条流の勢力は鎌倉から一掃されたのである。

後嵯峨の勅勘に処された九条流一門のなかで、最も厳しい立場に置かれたのは忠家であった。かれは道家の長男である教実の嫡男として、本来なら九条流の正統な後継者であったはずだが、右大臣解任後、二〇年以上にわたって摂関に任じられるどころか、無官のままとされ、所領や知行国も奪われたのである。その嫡男忠教《ただのり》は正嘉《しょうか》二年（一二五八）、元服して叙爵されるが、叙爵時の位階は通例、庶子が叙される従五位上で、以後の昇進ルートも摂関家傍流のルートを歩んだ。忠家の家系は摂関家の家格から転落する瀬戸際まで追い込まれたのである（三田二〇〇七）。こうしたなか、忠家は窮状《きゅうじょう》を後嵯峨に訴え続けたが、かえって文永《ぶんえい》二年には一七歳年下の近衛基平が左大臣に、文永五年には一八歳年下の鷹司基忠が左大臣になるなど、次々と後進者たちに追い抜かれていった。

これに対し、二男良実は幕府に通じて父道家を訴えたため、道家に義絶されたが、建長三年二月、執権時頼から「向後御心安《きょうごおこころやす》く存ずべし」との自筆書簡を送られるなど（『吾《あ》妻鏡《づまかがみ》』二月一〇日条）、寛元の政変後も幕府中枢との親密な関係を続け、弘長《こうちょう》元年（一二六一）四月には、幕府から使者が派遣され、関白に再任された。正元《しょうげん》元年（一二五九）、後深草天皇は弟の恒仁《つねひと》（亀山《かめやま》天皇）に譲位したが、鷹司兼平は両天皇の信任篤く、亀山即位後も引き続き関白を務めていたから、突然の交代に亀山は「御歎息」であったという（『民経記』弘長元年四月二九日条）。ただ、良実は三年前の正元元年（一二五九）、長男の左大臣道良《みちよし》を二六歳の若さで失っており、突然の良実の関白再任は、道良に代わって家嫡とした三男師忠《もろただ》をスピード昇進させることで、良実の家系を改めて摂関家として認めさせる点にねらいがあったとの指摘がある（三田二〇一九）。これに従えば、良実は幕府と密接な関係を維持したものの、いまだその家系は摂関家としては不安定であったといえるだろう。

一方、道家に寵愛された四男実経は、甥の忠家が長く勅勘が解けなかったのに対し、弘長三年八月、左大臣に復任し、文永二年（一二六五）閏四月、兄良実のあとを受けて関白に再任された。忠家は事実上、摂関家の家格から転落していたから、実経は関白再任によって、忠家に代わって九条流の嫡流となったといえるだろう。事実、実経は道家没後、東福寺以下、一族の寺院の檀越《だんおつ》の地位を継承しており、のち忠家が復活すると、両者はこれをめぐって激しい訴訟を繰り広げるのである（樋口二〇一八B）。

ただ、そうすると実経と忠家の明暗を分けたのは何だったのだろう。そこで注目したいのが、良実との関係である。というのも、実経が左大臣に復任したのは、関白が良実であった時期のことであった。しかも、実経は良実の後に関白となり、実経が関白に任じられると、良実は内覧宣下《ないらんせんげ》を下され、大殿の地位を認められているのである。このことについて『五代帝王物語《ごだいていおうものがたり》』は「御兄弟の御間《おんあいだ》は父子の礼にてもおはしまさず、殊《こと》に中あ（悪）しくおはしましつるに、猶《なお》かやうに大殿とておはしませば、是もめずらしき事なり」と記すが、大殿とは摂関家では現任摂関の父親を称したものであるから、これは良実を関白実経の父親に擬させたものと見てよいだろう（三浦一九二二）。

こうした良実と実経の関係を考えると、気になるのは、この頃、良実が実経から九条流の家領の一部を獲得していたことである。晩年、道家は良実を義絶するとともに、譲状《ゆずりじょう》を書き直して良実への所領譲与を取り消し、実経・忠家にも、良実の子孫は今後一切家領を知行してはならないと命じていた。ところが、建長五年、道家から所領一八か所を相続した娘の佺子《せんし》が死去すると、その所領は良実によって伝領される。道家は佺子の所領について、彼女の後、実経の嫡男家経《いえつね》に譲るべきという意志を示していたが、このとき家経はまだ五歳であったため、全てを父実経が支配することになった。だが、この後実経は「不孝を究《きわ》められ乍《なが》ら、舎兄《しゃけい》の身として処分に預からざるの条、然《しか》るべからずか」として、その所領を良実に引き渡してしまったのである（「忠家陳状案」）。この良実による家領奪取は、これまで良実が幕府との強い結びつきを背景に強行したものと考えられてきた（金澤一九八四）。しかし、実経が良実によって引き立てられていることから見ると、良実は実経との合意のもと、所領を譲られたと考えるのが妥当だろう。つまり、実経は良実に所領を引き渡すことを見返りに、関白復任を果たしたものと考えられるのである。

なお、忠家は道家から九条流の本邸である九条殿《くじようどの》を伝領し、その家系は九条家と呼ばれた。良実は二条京極殿《にじようきようごくどの》を伝領し、その家系は二条家と呼ばれた。実経はもともと一条能保の邸宅であった一条室町殿《いちじようむろまちどの》を、外祖父公経・父道家を経て伝領し、その家系は一条家と呼ばれた。本書でも以下、これらを九条家・二条家・一条家とあらわすことにしよう。

五摂家の確定

文永四年（一二六七）一二月、一条実経が関白を辞任し、左大臣近衛基平が後任の関白に任じられた。弱冠《じやつかん》二二歳での関白就任は「若齢《じやくれい》の大名《たいめい》、御早運《ごそううん》の条《じよう》、尤《もつと》も珍重《ちんちよう》」といわれたが（『民経記』一二月九日条）、こうした年齢で基平が関白になれたのは、かれが近衛流待望の正統な後継者であり、母仁子も道家の娘というサラブレッドだったからだろう。だが、基平は前年七月、妻（源通能女）を亡くしたときには、深く落ち込み、出家して彼女の菩提《ぼだい》を弔《とむら》おうとするなど（『深心院関白記《しんじんいんかんぱくき》』文永三年七月二九日条）、繊細《せんさい》な人物だったらしい。身体も丈夫ではなかったようで、文永五年一一月、赤痢《せきり》を患い、二三歳の若さで急逝《きゅうせい》してしまった。

これによって近衛流は再び後継者問題が発生することになる。基平には嫡男家基《いえもと》がいたが、父基平が没したとき、家基は八歳で、元服もしていなかった。そこで再び鷹司兼平が中継ぎの家長として家基を後見することになり、今度は兼平の嫡男基忠が基平の跡を継いで関白に任じられた。鷹司家は、二代続いて近衛家の中継ぎとして摂関に就任したのである。しかも、実は後述するように、この後近衛家ではもう一度、同様の事態が続いた。鷹司家は近衛家のスペアとして摂関家の地位を確立したのだが、逆にいうと近衛家は鷹司家の存在によって断絶や家格転落といった危機を免れたともいえるだろう。摂関家にとって家系の分裂は、こうしたメリットがあったのである。

さて、鷹司基忠はその後四年余り関白を務めたが、文永一〇年五月五日、「関東所為《しょい》」によって関白を解任され、後任の関白には前右大臣九条忠家が任じられた（『吉続記《きちぞくき》』）。これによって九条家は辛うじて摂関家としての復活を果たしたが、この背景には、前年二月の後嵯峨院の死があったと考えられている（三田二〇〇七）。忠家の祖父道家は後嵯峨の皇子である後深草を廃し、忠成王を即位させようと計画していたと取り沙汰された。そのために後嵯峨は道家の嫡孫である忠家を危険視し、最後まで排除し続けたが、後嵯峨の死によって忠家が関白になる障壁がようやく取り除かれたのである。

それはともかく、こうして摂関を輩出する五つの家系が確定した。五摂家である。九条流では、結局嫡流を主張する九条家と一条家が並び立ち、それとは別に二条家が幕府と結んで自立した。近衛流では嫡流に位置づけられる近衛家と、そのスペアの役割を果たす鷹司家がともに摂関家として確定したのである。

これ以降も、各家内部ではさらなる家系の分裂も見られたが、基本的に家嫡として昇進できるのは各家一人に限定され、それでもなお分裂が生じた場合は、分流どうしが家嫡の地位を争ったり、相互に養子関係を結んだりして解決された。貴族社会の最上位に位置する摂関家の数が増えると、下位に位置する貴族のポストも占有されることになり、その影響は小さくなかった。したがって、このことは摂関の人事権をもつ院や幕府が、これ以上摂関家が増えないよう抑止につとめた結果でもあるのだろう（鎌倉前期では、摂関家の庶子も大臣まで昇進したが、鎌倉後期以降、庶子の昇進スピードは鈍り、その多くは大臣まで昇進できなくなった）。

後深草・亀山院の対立と鷹司兼平

文永一一年（一二七四）正月、亀山天皇は皇子世仁《よひと》（後宇多《ごうだ》天皇）に譲位し、亀山院政がはじまった。文永九年二月、後嵯峨院が没した後、同母兄弟である後深草上皇と亀山天皇の間で、どちらが治天の君として政務を行うかが争われたが、結局母である大宮院姞子《おおみやいんきつし》の意向で亀山が治天の君として親政を行い、亀山の皇子への皇位継承が行われることになったわけである。

こうしたなか、関白九条忠家は、後宇多の即位を受けて摂政となった。だが、文永一一年六月二〇日、忠家は摂政を解任され、わずか一年余りで摂関の座を追われた。忠家の解任について『勘仲記《かんちゅうき》（兼仲卿暦記《かねなかきょうれっき》）』六月二一日条には「大嘗会《だいじょうえ》故実《こじつ》御存知《ごぞんじ》なきの間《あいだ》、俄《にわか》に仰《おお》せ合はされ、関東改易《かいえき》の沙汰《さた》に及ぶ由《よし》、閭巷《りょこう》の説有りと云々《うんぬん》」とある。この年一一月、後宇多の大嘗会が行われることになっていたが、忠家はその故実を知らないため、亀山から幕府に相談があり、幕府によって解任されたというのである。大嘗会の作法は、忠通が記した『玉林抄《ぎょくりんしょう》』にまとめられていたが、実は『玉林抄』は九条流では一条家のみが秘蔵し、九条家には伝えられていなかったらしい（『公衡公記《きんひらこうき》』弘安《こうあん》一〇年〈一二八七〉三月二三日条）。また、本来なら経験者から口伝も伝えられるところなのだが、忠家は道家没後、九条流の嫡流をめぐって実経との関係が悪化しており、教示を受けることもできなかったのであろう。

忠家解任の後、後任の摂政となったのは一条実経の嫡男家経であったが、かれは前年、鷹司基忠解任のときも、後宇多即位のときも、摂関になるだろうといわれていたらしく、満を持しての登板であった。二七歳の若さではあったが、「洪才博覧《こうさいはくらん》の人」と評され（『勘仲記』永仁《えいにん》元年〈一二九三〉一二月一一日条）、優秀な人物だったようで、しかも忠家とは違って、後嵯峨の大嘗会を関白として執り行った父実経が後ろ盾になっていた。

しかしながら、大嘗会が終わった直後から、摂関職をめぐる幕府の動きが慌ただしくなる。一二月三日、幕府の使者が上洛し、鷹司兼平に摂政就任を要請したのである（『勘仲記（兼仲卿暦記）』）。兼平はこのときは辞退したが、翌建治《けんじ》元年一〇月、幕府から再び摂政就任を要請されると、断り切れず、　〇月二一日、摂政に再任された。前摂関の再登板は珍しくないが、兼平の場合、すでに嫡男基忠も関白を務めていた。前関白の父が現職の摂政に任じられるというのは前例のない事態で、兼平が再三辞退した理由もこのためであったと見られる。それでは、基忠を差し置き、しかも家経を一年余りで辞めさせてまで、わざわざ大ベテランの兼平を再登板させたのは、なぜなのだろう。

これについては、背景に亀山と後深草の対立があったことが指摘されている（近藤二〇一六）。亀山が後宇多に譲位すると、皇太子が空位となった。そこに後深草が自身の皇子熙仁《ひろひと》を立てるよう、幕府にプッシュをかけてきた。結局、幕府はこれを聞き入れ、熙仁を皇太子とするよう亀山に迫り、建治元年一一月五日、熙仁が立太子《りったいし》したのだが、兼平の摂政再任はこの半月ほど前なのである。そもそも兼平は、亀山・後深草の双方に摂政・関白として仕え、両者から信頼が篤かったらしい。弘長《こうちょう》元年（一二六一）、兼平が関白を解任されたとき、亀山が「御歎息《ごたんそく》」であったのは前述した通りだが、『とはずがたり』（巻二―二十五）によれば、後嵯峨は亡くなる前に、兼平に後深草のことを頼んだので、兼平はつねに後深草のことを気にかけて、その御所に参っていたという。熙仁の立太子によって後深草が復活し、朝廷内のパワーバランスが揺らぎはじめるなか、幕府は亀山・後深草の両者から信頼されるベテラン兼平に、その調整役となることを期待したのである。

その後、兼平は弘安一〇年（一二八七）八月一一日まで約一二年にわたる長期間、摂関を務めた。この間、熙仁が皇太子となりながらも、亀山の院政が継続していたことから考えると、まさに兼平は政権の安定に寄与したといえるだろう。しかし、兼平が関白を辞めると、亀山院政は安定性を失い、その二か月後には皇太子熙仁（伏見《ふしみ》天皇）が即位して後深草院政が開始されるのである。なお、兼平の関白辞任については、上表（辞表）の提出がなされていないことから、亀山による更迭との説も出されている（高木一九八八）。しかし、当時の摂関の任命権は事実上、幕府にあったのだから、院の意志によるものとは考えにくい。そもそも兼平が摂関に在任し続けると、後が詰まって他の摂関家の昇進が停滞してしまう。兼平の辞任は、貴族社会の新陳代謝《しんちんたいしゃ》を促すものとして必要なものだったのではないだろうか。しかし、それによって政権は重しを失い、朝廷は亀山の大覚寺統《だいかくじとう》、後深草の持明院統《じみょういんとう》という二つの皇統が迭立《てつりつ》する不安定な時代を迎えるのである。

「執政」からの転落

貴族政権の変化と摂関家

ここまで一三世紀後半の鷹司兼平に至る摂関継承について見てきたが、寛元の政変後、摂関家を取り巻く状況は大きく変化していた。まず、後高倉院没後の家実や道家のように、承久の乱後の朝廷では、摂関家が院・天皇に代わって政権を主導することが少なくなかった。だが、道家失脚後、幕府は摂関家をカウンターパートと見なさず、幕府との交渉は院によって行われるようになった。そして、幕府は訴訟制度の整備など、朝廷の体制改革を院に求め、院を中心とした新たな体制が整備されていったのである。

そのうえ、天皇家では後宇多天皇の皇太子に後深草の皇子熙仁が立てられたことで、後深草（持明院統）・亀山（大覚寺統）の二つの皇統が並び立つことになったが、このことも摂関家を政権主導者の地位から遠ざけることにつながった。皇位継承が直系継承で行われるならば、後高倉が没した直後のように、次の主導者となる天皇が自立するまでのつなぎとして、今後も摂関が政務を主導することはあり得ただろう。ところが、皇統が二つに分かれると、一方の皇統の主導者が急死したとしても、他方の皇統の主導者がこれに代われればよいのだから、今までのような摂関家の出番はなくなってしまうのである。

また、こうしたなかで、後宮のあり方も変化した。後三条《ごさんじょう》天皇以降、天皇の生母の多くは摂関家の娘ではなくなるが、一方で后妃《こうひ》は摂関家の娘が優先的に立てられることが多かった。たとえば、二条《にじょう》天皇は忠通の娘育子《いくし》を、後鳥羽天皇は兼実の娘任子《にんし》を、順徳は良経の娘立子を中宮に迎えた。そもそも天皇にとっても、摂関家の娘との結婚は、摂関家を後ろ盾にすることで皇位継承に有利であったし、代々后妃を輩出してきた名門から后妃を迎えることで、自分の価値を高められるという点でも、意義が大きかったのである。

ところが、道家失脚以後、天皇は後深草・亀山の母方一族であり、関東申次を世襲して幕府とも太いパイプをもつ西園寺家から后妃を迎えることが多くなり、摂関家出身の皇后・中宮は近世初頭まで断絶してしまう。亀山院政期にも、文永一一年（一二七四）六月、鷹司兼平の仲介により、近衛基平の遺児である位子《いし》が亀山院の後宮に迎えられ、翌年二月、女御となったという事例はあるのだが、彼女は立后《りっこう》すらしないまま、女御となった翌月、女院号を宣下され、新陽明門院となっている。しかも、位子は女院となった後、亀山の二皇子（啓仁《ひろひと》・継仁《つぐひと》）を出産しているが、両者は皇太子に立てられることもなく早世した。このことは、摂関家出身の女性でも特別扱いされていないことを示すものであり、むしろ摂関家の地位の低下を物語るものだろう。道家失脚後、摂関家と幕府との関係も失われており、そもそも摂関家から后妃を迎えることに、かつてのような価値が見いだせなくなっていたのである。

一四世紀に入ると、摂関はもはや「執政《しっせい》」ではないとする発言も見られるようになる。たとえば、摂関家家司《けいし》を輩出する勧修寺流《かじゅうじりゅう》藤原氏や日野流《ひのりゅう》藤原氏の一族は、公卿昇進後も摂関に対して、子が父に対するような礼（家礼《けらい》）をとることが求められていたが（そのため、かれら自体、家礼と呼ばれた）、嘉元《かげん》三年（一三〇五）、勧修寺流出身の参議《さんぎ》吉田定房《よしださだふさ》は関白二条兼基《かねもと》（良実の子）に礼をとらず、兼基から訴えられると、「昔、摂関家が執政だったとき、人々が摂関家に礼をとったのは当然である。（中略）そのときの例と末代（である今）は違うのだ」と反発している（『吉口伝《きちくでん》』）。かれらにとって摂関家は昔は「執政」だったが、今はもはや違うと認識されているのであり、従うべき対象とは見なされなくなっていたのである。

二条家と即位灌頂

こうした状況に、摂関家の側もただ手をこまねいて見ているだけではなかった。弘安一〇年（一二八七）八月、鷹司兼平が関白を辞任すると、二条師忠《もろただ》が後任の関白になったが、翌正応《しょうおう》元年三月に行われた伏見天皇の即位式では、師忠が新たな儀式を創出したことが知られている。ここで師忠は「秘事」と称して天皇に印明《いんみょう》（指の形で仏像などをあらわす印契《いんげい》と、密教《みっきょう》の呪文である真言《しんごん》）を授け、天皇は高御座《たかみくら》に登る際に印を結んで真言を唱えた。これを即位灌頂《かんじょう》といい、これによって天皇は、即位とともに大日如来《だいにちにょらい》に変身するとされたのである。この儀礼について、師忠は後三条天皇の即位式に前例があると称したが、現在の研究では、師忠が兄の十楽院僧正道玄《じゅうらくいんそうじょうどうげん》（青蓮院門跡《しょうれんいんもんぜき》）の入れ知恵ではじめたものであると評価されている（小川二〇〇五・上川二〇〇七）。

では、なぜ師忠はこのようなことをはじめたのだろう。これは二条家の置かれた立場と深く関係する。そもそも二条家は、寛元の政変後、幕府と結びつくことで摂関家としての家格を維持したが、良実が道家によって義絶されたことから、師忠は摂関の儀式作法に関わる文書や口伝を伝えていなかった。実際、伏見の大嘗会では、このことが不安視され、師忠は伏見に対し「後嵯峨天皇のときは、故殿《ことの》（良実）が天皇に作法を授けたので、口《く》伝《でん》・庭訓《ていきん》（父からの教え）は存じております」と述べたものの（『公衡公記』弘安一〇年三月二三日条）、他の摂関家からは「関白師忠は（作法を）知らないので奉行《ぶぎょう》できない」という声がいっせいにあがった（『伏見天皇宸記《しんき》』正応元年一一月一四日条。後述するように、このとき結局、伏見は鷹司兼平に下問《かもん》して執り行ったらしい）。

こうしたなか、師忠は即位灌頂について「秘事」であり、「此《こ》の事、他家存知せず」と語っていた（前掲『公衡公記』）。つまり、自分が他家に劣っていると見られているなかで、かれは即位灌頂の作法については、他の摂関家は知らず、自分だけが知っている「秘事」であると主張したのであり、これによって二条家の価値を高めようとしたのである。

しかも、興味深いのは、即位灌頂がその後、他の摂関家にも受け入れられ、即位儀礼の一つとして定着していくことである。正安《しょうあん》三年（一三〇一）、後二条《ごにじょう》天皇の即位では、師忠の弟で養子となった関白兼基、文保《ぶんぽう》二年（一三一八）、後醍醐《ごだいご》天皇の即位では、兼基の嫡男である関白道平《みちひら》が即位灌頂の作法を伝授しているが、永仁六年（一二九八）、後伏《ごふし》見《み》天皇の即位では、鷹司兼平の二男である摂政兼忠《かねただ》、延慶《えんきょう》元年（一三〇八）、花園《はなぞの》天皇の即位では、前摂政九条師教《もろのり》（直前まで摂政だった）が作法を伝授していたのである（橋本二〇〇二）。

ここまで見たように、摂関家は「執政」から転落し、家格の頂点にありながら、その存在意義を喪失しつつあった。こうしたなかで、即位灌頂の創出は、摂関が天皇に印明を授け、皇位の正統性を付与するという新たな役割を付与することになった。このことは二条家だけでなく、摂関家全体に新たな存在意義を与え、その価値を高めることになったといえるだろう。

分裂する近衛家

摂関家をめぐる危機的状況の一方で、五摂家の確定以後、五摂家の各家における家嫡の昇進は安定化した。一三世紀末以降、摂関就任の昇進における五家の間の優劣はなくなり、叙爵した順で摂関に昇進することが定例化するのである（表4）。だが、その反面、この頃、五摂家の各家では、後継者が相次いで早世したり、逆に複数の後継者候補が発生して対立が起きるなどの混乱が続出した。五摂家が確定し、安定して地位を継承できるようになったことから、各家では改めて「家」の継承が大きな問題となったのである。

まず、近衛家では、基平の遺児で近衛流のプリンスであった家基《いえもと》が正応二年（一二八

表4　叙爵日時と摂関就任の順序（鎌倉期）

氏名	叙爵の年月日	叙爵の順序	摂関就任の順序
近衛家実	建久 1(1990)12・22	1	1
九条道家	建仁 3(1203) 2・13	2	2
九条教実	建保 5(1217) 4・21	3	3
近衛兼経	貞応 1(1222)12・20	4	4
二条良実	嘉禄 2(1226)12・13	5	5
一条実経	寛喜 4(1232) 1・21	6	6
鷹司兼平	嘉禎 3(1237) 2・23	7	7
九条忠家	嘉禎 4(1238) 4・11	**8**	**10**
近衛基平	建長 6(1254) 1・28	**9**	**8**
鷹司基忠	建長 8(1256) 1・11	**10**	**9**
一条家経	建長 8(1256) 1・20	11	11
九条忠教	正嘉 2(1258)12・27	**12**	**14**
二条師忠	文応 1(1260) 8・23	**13**	**12**
近衛家基	文永 6(1269)12・ 9	**14**	**13**
鷹司兼忠	文永 8(1271) 2・11	15	15
二条兼基	建治 3(1277) 4・21	16	16
九条師教	弘安 4(1281) 1・ 8	17	17
鷹司冬平	弘安 7(1284) 2・25	18	18
近衛家平	正応 3(1290) 8・23	19	19
二条道平	永仁 1(1293)12・ 9	20	20
一条内経	永仁 7(1299) 1・20	21	21
九条房実	正安 1(1299)12・19	22	22
鷹司冬教	延慶 2(1309) 4・20	**23**	**24**
近衛経忠	正和 2(1313)12・25	**24**	**23**

九）四月、二条師忠の後任として、二九歳で関白に任じられた。その後、正応四年五月、いったん関白を辞任し、九条忠教に譲ったが、正応六年二月、すぐに再任される。ところが、関白在任中の永仁四年（一二九六）六月、家基は三六歳で急死してしまう。先代基平急死のときと同様、後任の摂関は近衛家のスペアである鷹司家から出され、兼平の二男である兼忠が継承したが、問題は近衛家の後継者であった。やっかいなことに、家基には家嫡格の男子が二人おり、家基は後継者を指名しないままに没してしまったのである。

そもそもこうなった原因は、家基の結婚にある。家基は近衛流の長老である鷹司兼平の娘を妻に迎え、弘安五年（一二八二）、彼女との間に家平《いえひら》が生まれた。だが、その後、家基は亀山院の皇女を正妻として迎え、弘安一〇年、経平《つねひら》をもうけた。正応三年八月、家平は元服とともに摂関家の家嫡であることを示す正五位下で叙爵したが、永仁三年六月、経平も元服して正五位下で叙爵した。ここに二人の家嫡が発生してしまったのである。

家基没後も、両者はともに摂関家家嫡の昇進ルートでスピード昇進を続けた。正和《しょうわ》二年（一三一三）七月、兄家平は関白に任じられ、正和五年一〇月、弟経平も左大臣に任じられたのである。ところが、文保二年（一三一八）六月、弟経平は関白を目前にして、三二歳で急死する。ここに経平流は没落するかに見えたのだが、その後、経平の嫡男基嗣《もとつぐ》も他の五摂家家嫡と変わらないスピードで昇進し、近衛家の分立は次世代に持ち越された。元徳《げんとく》二年（一三三〇）正月、家平の嫡男経忠《つねただ》が関白に任じられると、基嗣は右大臣となり、翌年二月には左大臣に任じられて関白に迫ったのである。

ただ、筆者は五摂家確定後、これ以上摂関家の数が増えるのは抑止されていたと述べた。そうすると、なぜ近衛家では、このように家平流・経平流の双方が摂関家家嫡並みの昇進ができたのだろう。この理由としては、一つには経平が亀山院の皇女を母にもつ貴種であったことがあげられるが、もう一つには幕府による介入もあったからなのではないかと考えられる。というのも、後述するように、経忠と基嗣は財産相続をめぐって争ったのだが、このとき、基嗣は家礼《けらい》である平範高《のりたか》を関東に派遣して幕府による支援を求めている。しかも幕府首脳の一人である前執権金沢貞顕《かねさわさだあき》（崇賢《そうけん》）が書いた書状によれば、この範高は幕府の要人（政所執事《まんどころしつじ》）である二階堂道蘊《にかいどうどううん》と「一体分身」であったという（『鎌倉遺文』三〇九三〇号）。つまり、基嗣には幕府に強力なコネがあったことがわかる。前述のように、幕府はこれ以上の摂関家の分裂は望まなかったと思われるのだが、近衛家の場合、こうしたコネを介した幕府自体への介入がさらなる分裂の芽を生むことになったのである。

では、近衛家の分裂は定着する可能性もあったかというと、筆者はこれには懐疑的である。官位の面で基嗣が経忠と同格になったといっても、その地位を維持・継承していくためには、裏付けとなる日記・文書などの財産が必要である。そこで問題となるのが、近衛家の財産相続であるが、のち『園太暦《えんのたいりやく》』観応《かんのう》三年（一三五二）正月一五日条には近衛家の財産について「元弘《げんこう》の勅裁《ちょくさい》に任せ、元関白（経忠）に付《ふ》せらるる所なり」とあるから、元弘年間（一三三一～一三三四）、これをめぐって基嗣・経忠が対立し、後醍醐天皇の裁定によって、経忠に軍配が上がったことがわかる。家平流と経平流は、どちらかが鷹司家のように中継ぎとなり、近衛家本体から分かれたわけではなく、双方が財産や、それによって保証される正統な家督の地位をめぐって衝突していた。ここから考えると、近衛家の家督を相続するのはあくまで一人と認識されていたということになるだろう。この後、朝廷が南北朝に分かれると、両者の対立は政治情勢とも密接に関係して展開していくのである。

低迷する九条家・一条家

次に九条家では、正応四年（一二九一）五月、忠家の嫡男忠教が関白に任じられた。忠教は正応六年二月、関白を辞職した後も、九条家の家長として家領支配の実権をもち、正慶《しょうきょう》元年（一三三二）一二月、八四歳で大往生を遂げたが、その後継者たちは病弱で、家督相続は綱渡りが続いた。まず、忠教の長男師教は嘉元三年（一三〇五）四月、関白に任じられた。師教については、かれが補佐した花園天皇が「大才人」と評しているが（『花園天皇宸記《しんき》』元応《げんおう》二年（一三二〇）六月七日条）、病気がちであったため、徳治《とくじ》三年（一三〇八）、父忠教は二男の房実《ふさざね》を師教の養子として家督を継がせた。結局、師教は元応二年六月、四八歳で病没し、房実が家嫡として元亨《げんこう》三年（一三二三）三月、関白となるのだが、嘉暦《かりやく》二年（一三二七）三月、房実もまた三八歳で没してしまう。

そこで、忠教は、師教の晩年に生まれた子で、房実の養子として元服した道教《みちのり》を改めて家嫡とし、家領も譲りなおした。しかし、道教が関白に任じられたのは、暦応《りやくおう》五年（一三四二）正月なので、九条家は二〇年近く摂関を輩出できなかったことになる。しかも、この間、正慶元年には忠教も亡くなり、道教も関白にはなったものの、貞和《じょうわ》五年（一三四九）七月、三五歳の若さでこの世を去ってしまう。この結果、九条家は南北朝初期の混乱期、摂関経験者の不在が長期化し、存在感を埋没させたのである。

一方、一条家では、永仁元年（一二九三）一二月、前関白家経が四六歳で没し、嫡男内《うち》実《ざね》が跡を継いだが、嘉元二年（一三〇四）一二月、内実は二九歳の若さで没してしまう。しかも、かれはまだ内大臣で、摂関に任じられていなかった。通例、一代でも摂関に任じられなければ、その家系は摂関家の家格から転落してもおかしくなかったのだが、死ぬ直前、内実に内覧宣旨が下されたことで、一条家は辛うじて家格転落の危機を免れた。これには五摂家確定後、この体制を維持しようとした幕府の意図が働いたのであろう。

ただ、この後家嫡となった内実の嫡男内経《うちつね》は、徳治元年（一三〇六）一二月の除目で、九条房実に先に権大納言に任じられそうになり、「（房実に）先を越されたならば、生涯を失い、一流の滅亡になってしまう」と危機感をあらわにしている（『実躬卿記《さねみきょうき》』一二月二二日条）。父が関白に任じられずに没したことは、内経にとってハンデとなったと見てよいだろう。結局、内経は文保二年（一三一八）一二月、関白に任じられ、「譜代の家風《かふう》を以て一代の中絶を起つか」といわれたが（『花園天皇宸記』正中《しょうちゅう》二年〈一三二五〉一〇月二日条）、関白退任後は酒に溺れ、正中二年一〇月、三五歳で病没した。この後、嫡男経通《つねみち》が跡を継ぎ、建武《けんむ》五年（一三三八）五月、関白に任じられるのだが、二代にわたる早世により、一条家でも関白不在の時期が長く続き、九条家同様、その存在感は埋没した。

持明院統と鷹司家

前述したように、五摂家確定後、摂関就任は叙爵した順に自動的に任じられるようになっていた。そのため、両統迭立以後も、院・天皇は自分との関係の濃淡で摂関を選ぶことは基本的にできなかったが、一度摂関の経験がある人物の再任（還任《げんにん》）や、正規の摂関とは別に下される内覧宣下はその限りではなく、こうした方法で特定の摂関を重用することが見られた。なかでも、両統迭立期に特徴的なのが、鷹司家と持明院統との関係である。

先述のように、鷹司兼平は亀山院政期、朝廷の調整役として長期間摂関を務め、後深草院政開始前の弘安一〇年（一二八七）八月、関白を辞任したが、兼平は正応二年（一二八九）六月、後深草によって伏見天皇の内覧とされた（摂関は近衛家基が別に任じられている）。永仁二年（一二九四）八月、兼平は六七歳で没したが、その後は基忠が永仁四年・正安二年（一三〇〇）・延慶元年（一三〇八）と三度にわたり、前摂関として内覧宣旨を下されている。いずれも後深草・後伏見院政の時期で、兼平・基忠父子は後深草院政開始以来、一貫して内覧として持明院統に重用されていることがわかるのである。

しかも、こうした関係は兼平・基忠の二代にとどまらなかった。基忠の嫡男冬平《ふゆひら》は延慶元年一一月から延慶四年三月まで、持明院統の花園天皇（伏見の皇子）の摂政・関白を務め、その後、近衛家平に交代したが、家平が正和四年（一三一五）九月、解任されると、すぐに関白に復任した。このときには父基忠も内覧とされており、このことは基忠・冬平の父子がいかに伏見院に信頼されていたかを物語るものだろう。

では、なぜ鷹司家は、このように重用されたのだろう。これについては、鷹司家が天皇作法を伝え、故実をよく知っていたことが大きかったようである（松薗二〇〇二）。延慶二年一一月九日、伏見院と後伏見上皇・花園天皇は摂政冬平を御所に招き、大嘗会神膳《しんぜん》作法の習礼《しゅらい》（予行演習）を執り行ったのだが、ここで後伏見は、この作法について現在では、基忠と冬平が詳細を知っていると述べている。そのうえで、後伏見によれば、九条・二条・一条の三家は「口伝《くでん》等聊《いささ》か不審無きに非《あら》ず」という状況であったが、冬平は忠通以来、代々が大嘗会を執り行い、口伝を伝えているというのである（近衛家も基平・家基と早世が相次ぎ、儀式作法は鷹司家に依存する状態にあったものと思われる）。

　これに対して他家からは、鷹司家も先祖である基実が早世しているため口伝の断絶があったのではないか、という批判もあったらしい。だが、後伏見は、父伏見の即位にあたっても、神膳作法は兼平が現任摂関でなかったにもかかわらず下問に預かったし、自分（後伏見）のときも、基忠と摂政兼忠が執り行っており、鷹司家は「相続《あいつづ》き代々此《こ》の節《せつ》に逢《あ》うこと、日記・文書等に明白」であると述べている（『後伏見天皇宸記』）。後伏見がこのように鷹司家からの作法伝授を強調したのは、鷹司家が代々途絶えることなく口伝を伝えてきた家系であり、鷹司家から作法を伝授されることが、両統が対立するなかで、自身の皇統である持明院統の正統性を示すものとなっていたからであろう。だとすれば、持明院統にとって鷹司家は天皇作法の伝授を通し、皇統の正統性を付与する、極めて重要な存在になっていたと考えられるのである。

後醍醐天皇の摂関家統制

一方、大覚寺統では、持明院統のような特定の摂関家との深い関係は見られないが、元亨元年（一三二一）、後宇多院が政務を後醍醐天皇に譲り、後醍醐の親政が開始されると、興味深い人事が見られるようになる。後醍醐は二条道平《みちひら》（兼基の子）・近衛経忠を重用して、二度関白に任じ、二度ともかれらが関白を辞任すると、内覧宣旨を下して、関白辞任後も天皇に近侍できるようにしたのである。しかも、元亨三年一〇月、道平に対し、最初に内覧宣下を下したときには、翌月、鷹司冬平にも内覧宣下を下しており、花園上皇はこのことについて「内覧三人、尋常の例に非《あら》ず。関白の父に非ざる仁《じん》二人、内覧と為《な》る。今度初度か。近日朝議《ちょうぎ》、乱るるか、治むるか」と批判している（『花園天皇宸記』一一月九日条）。ここに、現職の関白である九条房実と合わせて、三人の内覧が出現したのである。

この内覧宣下については、実質的な意味をもたなかったという見解もあるが（海上二〇二〇）、先述したように、摂関就任は順送りであり、その人事には鎌倉幕府による承認も必要なのだから、後醍醐は自由に人事権を行使できなかった。これに対して内覧は後醍醐が順番に関係なく一本釣りできるのだから、これは任じること自体に意味があったと考えるべきだろう。後醍醐は、内覧宣下を通して、自分の重用する人物を摂関とは別に近侍させ、それまで人事権の及ばなかった摂関家を統制下におこうとしたのである。

一方、後醍醐は道平・経忠のほか、当初は鷹司冬平も重用した。先述のように、冬平は元亨三年、内覧宣下を下されて、後醍醐の顧問とされている。しかも、その後、正中元年（一三二四）一二月、後醍醐によって三度目の関白再任を果たし、「三ヶ度還補《かんぽ》、誠に希有《けう》の例か」といわれた（『花園天皇宸記』一二月二八日条）。これは後醍醐が持明院統の天皇と同様、冬平の天皇作法に関する深い知識を必要としたためであろう。

ただ、冬平本人は三度目の再任は本意ではなかったようである。冬平は弟で養子となっていた左大臣冬教《ふゆのり》を代わりに関白にするよう求めたが、後醍醐はこれを許さなかったのである。そのうえ、嘉暦二年（一三二七）正月二〇日、冬平は死に臨んで関白職を冬教に譲ろうとしたが、これも後醍醐は許さなかった（『九条房実嘉暦二年日記』）。このとき結局、後醍醐の重用する二条道平が二度目の関白に任じられていることから考えると、後醍醐は家系よりも自分との個別的な関係性を重視していたということであろう。後醍醐は冬平も重用したが、持明院統のように鷹司家自体を特別扱いする気は毛頭なかったのである。

しかも、後醍醐の側近優遇はこの後、いっそう露わになる。元徳二年（一三三〇）正月、二条道平が関白を辞任すると、ようやく次は冬教の番かと思われたのだが、後醍醐は冬教の下位にいた右大臣近衛経忠を先に関白に任じたのである。これも幕府の許可を得た人事かとは思われるのだが、就任の順序をくつがえす異例の人事で、冬教は「愁歎《しゅうたん》」したという（『東寺執行日記《とうじしぎょうにっき》』）。後醍醐は、自分との関係性の濃淡によって摂関家嫡の昇進に差を付けたのであり、ここに摂関人事についても、持ち回りの順送り人事がついに破壊されたのである。

後醍醐は、宋学の思想を背景に天皇への権力集中を進めた。かれはこの後建武新政では、官職の私物化・世襲化を否定し、人事権を天皇のもとに収斂《しゅうれん》させる政策を行っており（佐藤一九八三）、右に見た関白人事はその先蹤《せんしょう》といってよいだろう。ただ、後醍醐にとってのジレンマは、天皇の人事についても、持明院統と持ち回りの順送り人事になっており、次に明け渡さねばならなかったことである。持明院統が皇位継承を求め、幕府に激しく迫ると、後醍醐は危機感を強め、両統迭立を支える幕府自体を敵視するようになっていった。

南北朝から戦国へ

南北朝の内乱と二条良基

建武政権の関白廃止

元弘《げんこう》元年（一三三一）八月、後醍醐《ごだいご》天皇はその討幕計画が露見したため、密かに京都を脱出し、笠置山《かさぎやま》に立てこもったが、幕府軍によって捕らえられ、翌年三月、隠岐《おき》へ流された（元弘の乱）。元弘元年九月二〇日には、後醍醐に代わって、持明院統《じみょういんとう》の皇太子量仁《かずひと》親王が即位して光厳《こうごん》天皇となり、その父である後伏見《ごふしみ》院の院政が再開された。

この事件は貴族社会に激震をもたらしたが、それは摂関家も例外ではなかった。後醍醐に重用された二条道平《にじょうみちひら》・近衛経忠《このえつねただ》の二人は討幕計画への関与を疑われ、このうち道平は祖父師忠《もろただ》（実は大伯父）のもとに預けられて、その「子孫は家督《かとく》と為《な》すべからず」とされたのである（『花園天皇宸記《はなぞのてんのうしんき》』元弘二年四月一〇日条）。経忠はお咎《とが》めなしだったが、かれも後醍醐の裁定によって近衛家の家督の地位を認められていたことからすれば、この後、その地位は危ういものになったと見てよいだろう。

しかし、後醍醐が隠岐に流された後も社会の動揺は静まらず、幕府に不満をもつ勢力が各地で挙兵して、反乱は畿内から全国に広がっていった。こうしたなか、正慶《しょうきょう》二年（一三三三）閏二月、後醍醐が隠岐を脱出し、幕府も反乱鎮圧のため、名越高家《なごえたかいえ》・足利高氏《あしかがたかうじ》率いる大軍を京都へ派遣した。だが、幕府軍は、大将の高家が戦死、高氏は後醍醐方に寝返るなど混乱し、五月七日には、京都における幕府の拠点であった六波羅が、高氏を中心とする反乱軍の総攻撃によって陥落した。関東でも新田義貞《にったよしさだ》が挙兵して五月二一日に鎌倉に攻め入り、翌二二日、北条一族が自刃して鎌倉幕府は滅亡した。

幕府が滅亡すると、朝廷では光厳天皇が廃されて後醍醐が復活し、六月五日、後醍醐は帰京して、二条富小路《とみのこうじ》の内裏に入った。また、これに先立ち後醍醐は京都に詔《みことのり》を送り、元弘元年九月二〇日以降の人事を帳消しにしたが、同時に関白鷹司冬教《たかつかさふゆのり》を解任し、後任の関白を任命しなかった（ただし、冬教の関白職は元徳《げんとく》二年〈一三三〇〉八月、後醍醐が任じたものである）。後醍醐は関白を廃止したのである。

後醍醐はなぜ関白を廃止したのだろう。これについて近年では、関白という特別な待遇を許される官職を廃止し、それによって天皇の絶対性を示したという説も出されているが（鈴木二〇一四）、ここではこのとき、関白が廃止される一方で、前関白二条道平が内覧《ないらん》に任じられたことに注目したい。後醍醐は関白は廃止しても、内覧は残したのである。そうすると、思い起こされるのは、鎌倉時代の摂関人事であろう。前述のように、摂関は五摂家分立以降、五摂家の持ち回りで任じられる官職になっており、外部からの人事介入は難しかった。そこで、後醍醐は側近を摂関とは別に内覧に任じることで優遇したのである。

このことから考えれば、後醍醐が新政権開始にあたって摂関を廃止したのも、やはりこれが依然、自身の任免権が容易に及ばないものだったからであろう。一方、内覧については、建武《けんむ》元年（一三三四）一〇月、内覧近衛経忠が右大臣を辞め、鷹司冬教がその後任に任じられるのだが、経忠はその後も内覧の地位に留まり続けた。内覧の地位は、五摂家に持ち回りされる官職から切り離され、天皇が自由に任免できるものだったのであり、だからこそ残されたのである。このように見てくると、関白廃止も、討幕以前からの人事の延長であり、確かに人事権の回収によって天皇への権力集中を意図したものではあるものの、関白（内覧）によって天皇が補佐されるという、従来の体制自体を大きく変えるものではなかったといえよう。

南北朝の分裂と五摂家

後醍醐は中央官制・国司制度を再編するとともに、自分のもとに公武の権力を統合し、絶対的な天皇権力の確立を目指した。だが、性急な改革は多くの混乱を生み、政権に不満をもった武士たちは、討幕の立役者であった足利尊氏（高氏から改名）のもとに集まりはじめた。そして、ついに建武二年一一月、尊氏は鎌倉で後醍醐に反旗を翻し、追討使として派遣された新田義貞の軍勢を破ると、敗走する義貞軍を追って上洛した。建武三年二月、尊氏軍は北畠顕家《きたばたけあきいえ》・楠木正成《くすのきまさしげ》らの軍勢に敗れ、九州に敗走した。だが、途中、持明院統の光厳上皇から院宣を獲得して自らを正統化し、九州の武士たちを味方に付けると再び東上して、同年五月、湊川《みなとがわ》合戦で楠木正成・新田義貞を破って入京した。

尊氏が入京すると、後醍醐は比叡山に逃れたので、尊氏は後醍醐に代わって光厳の弟豊《とよ》仁《ひと》を擁立して、八月一五日、これを即位させた（光明《こうみょう》天皇）。そして、一一月、後醍醐は尊氏と和解し、改めて光明天皇に皇位を譲ることで合意した。これにともなって、尊氏は政権綱領である建武式目《けんむしきもく》を制定し、室町幕府が発足する。しかし、翌月、後醍醐は京都から脱出して吉野山《よしのやま》に入り、尊氏の打倒を諸国に呼びかけた。このとき、後醍醐は光明に渡した神器は偽物であり、本物の神器は自分の手もとにあると主張したので、朝廷は吉野の南朝と京都の北朝に分裂することになったのである。

朝廷が南北に分裂するなか、五摂家家長の多くは北朝に仕えて京都に留まった。ここまで見てきたように、後醍醐は摂関人事にも介入し、摂関家を統制しようとしたが、これは順送りでポストを回してきた五摂家の秩序を破壊するものであったから、摂関家では後醍醐政権に対する反発が強かったものと思われる。また、後醍醐は摂関を廃止し、前関白を改めて左右大臣に任じたが、これにも抵抗が大きかったようである。関白鷹司冬教を解任した詔で、後醍醐は近衛経忠を右大臣に任じたが、経忠はこれを拒否している。後醍醐の真意は、要人を大臣をはじめとする議政官《ぎせいかん》に配置するとともに、議政官に八省《はっしょう》などの官司《かんし》を統括させることにあったものと見られるが（佐藤一九八三）、摂関経験者が太政大臣以外の官職に任じられた前例はないので、これは事実上の降格人事と受け取られたのであろう。経忠は後醍醐の側近であったが、その経忠をもってしても、後醍醐の人事は理解されなかったのである。

ただ、こうしたことがありながらも、経忠だけは吉野脱出後も後醍醐に心を寄せていたようである。建武三年八月、光明天皇が即位すると、関白が復活し、経忠は新帝の詔によって関白に任じられた。ところが、同年一二月、後醍醐が吉野に脱出すると、かれは関白の辞職を申し出た。これは許されなかったが、翌年四月五日、かれは突然、吉野に出奔《しゅっぽん》して南朝に仕えたのである。これによって後任関白には近衛基嗣《もとつぐ》が任じられ、北朝では基嗣が近衛家の家督を継ぐことになった。ここに基嗣が北朝、経忠が南朝に分かれて対立することになり、近衛家の分裂は新たな段階を迎えたのである。

一方、経忠とともに後醍醐の股肱《ここう》として重用されていた二条道平はというと、実は建武二年二月四日、四九歳で没していた。二条家では道平の弟師基《もろもと》が南朝に下ったが、道平の嫡男である良基《よしもと》は京都に留まった。良基はむしろ北朝の中心になっていくのである。

藤氏一揆と近衛経忠

南北朝の抗争は建武三年（南朝では延元《えんげん》元年）以降、明徳《めいとく》三年（元中《げんちゅう》九年、一三九二）まで五六年にわたって続いたが、当初から戦況は北朝が圧倒的に優勢だった。後醍醐政権はすでに湊川合戦で楠木正成を失っていたが、さらに延元三年（北朝では暦応《りゃくおう》元年、一三三八）には、新田義貞と北畠顕家が戦死し、翌年には後醍醐までが死去して中軸を失ったのである。

後醍醐の後、皇位は皇子義良《のりよし》（後村上《ごむらかみ》天皇）が継承したが、戦況の厳しさから、南朝内部では幕府との講和を主張する者もあらわれた。近衛経忠もその一人であったらしい。経

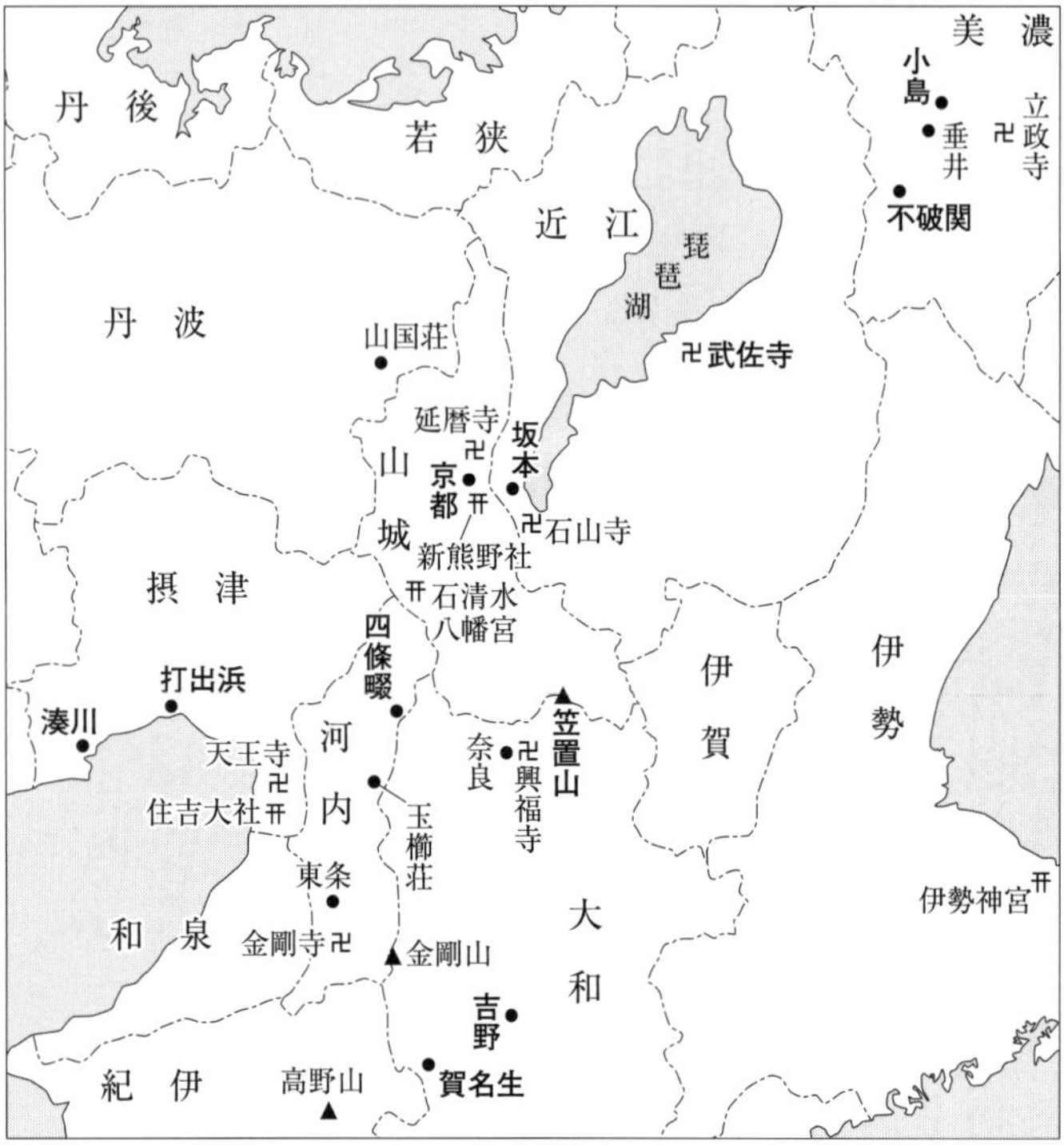

図16　南北朝期畿内関係地図

忠は興国《こうこく》二年（暦応四年、一三四一）頃、突如として京都に舞い戻ったが、これは幕府との和平交渉のためであったと考えられている（高柳一九五五）。しかも、かれは京都にありながら、関東の小山朝郷《おやまともさと》・小田治久《おだはるひさ》といった有力武士に使者を送り、一揆《いっき》を呼びかけた。小山・小田氏はいずれも藤原氏の一族で、経忠は南朝下向後も藤氏長者《とうしちょうじゃ》を自認していたから、長者の名の下に、同族である藤原氏の武士たちを従わせようとしたのである（藤氏一揆）。「北畠親房《ちかふさ》書状写」（『南北朝遺文関東編』一二二二）によれば、経忠は自分が「天下を執り」、小山を「坂東管領《ばんどうかんれい》」にしようという構想を描いていたという。

だが、関東では、二年前の延元三年（暦応元年、一三三八）、後醍醐の重臣の一人である北畠親房（顕家の父）が吉野から常陸に派遣され、現地で反転攻勢に精力を注いでいた。親房は主戦派の中心人物であり、かれはこの頃、まさに小田治久の小田城を拠点としていた。講和派である経忠による藤氏一揆の呼びかけは、実は親房によって束ねられようとしていた関東の南朝勢力を揺さぶり、親房の勢力を削減することにねらいがあったと考えられている（伊藤二〇〇二）。

しかし、結局、経忠の策謀は失敗した。そもそも幕府との和平交渉自体、うまくいかなかったようである。先に見た「北畠親房書状写」によれば、経忠は京都に参上したものの、幕府からは全く相手にされず、「亡屋《ぼうおく》一宇《う》・所領二ヶ所」を与えられただけであったという。これは経忠と対立する親房の言葉なので、額面通りには受け取れないが、こののち主戦派が主流となるなかで、経忠は京都でも吉野でも居場所を失っていったのである。

北朝の消滅と再建

南朝では、正平《しょうへい》二年（貞和《じょうわ》三年、一三四七）以降、主戦派が主流を占めるようになり、大規模な反転攻勢が進められた。だが、翌年正月、楠木正成の遺児正行《まさつら》が四條畷《しじょうなわて》の戦いで高師直《こうのもろなお》率いる幕府軍に敗れて討ち死にすると、師直の軍勢は勢いに乗って吉野を陥落させ、後村上は西吉野の賀名生《あのう》に追い詰められた。

ところが、この後幕府でも内部抗争が勃発する。この頃、幕府の政権運営は尊氏の弟直《ただ》義《よし》によって担われていたが、吉野陥落などの戦功によって師直の存在感が増大し、直義と師直の主導権争いが激しくなったのである。こうしたなかで、師直を重用する尊氏と直義の関係も悪化し、幕府は直義方と尊氏・師直方に分裂した（観応《かんのう》の擾乱《じょうらん》）。

しかも、このことは朝廷や貴族社会にも多大な影響をもたらすことになる。観応二年（正平六年、一三五一）二月、直義が摂津打出浜《うちではま》合戦で尊氏・師直に勝利して、師直一族が滅亡すると、兄弟はいったん和解したが、同年八月、直義は再び尊氏・義詮《よしあきら》親子と決裂して京都を飛び出し、関東で挙兵した。そして、尊氏は直義の討伐のため、自ら出陣したのだが、問題はこのとき尊氏が南朝・直義との二正面戦争となるのを避け、南朝に降伏したことである。これによって、観応二年一一月、北朝の崇光《すこう》天皇（光厳の皇子）は廃位、光厳院政も停止されて、北朝は消滅した。南朝は北朝が叙任した官位もすべて無効にして建武三年の段階に戻すと主張し、朝廷は大混乱に陥ったのである。これを正平一統《しょうへいいっとう》という。

このとき、北朝の関白は二条良基であった。だが、同年一二月、良基は突然関白を解任され、後任には良基の叔父師基が任じられた。建武政権は関白を廃止したが、南朝では後醍醐の死後、復活し、師基は南朝で関白の任にあったのである（鈴木二〇一四）。また、近衛家でも、北朝に属した基嗣が家督を奪われ、経忠が家督に復帰した。観応三年（正平七年）正月、後村上の派遣した勅使によって、近衛家の家督と財産のほとんどが元関白経忠に付されることが命じられ、翌月二九日、経忠は近衛家の本邸である近衛殿に入った。

しかし、観応三年正月、尊氏が直義を討ち、幕府の分裂を解消させると、幕府にとって南朝と結ぶ必要はなくなり、講和は破綻した。すると、閏二月には、南朝軍が京都を守る足利義詮の軍勢を破って一六年ぶりに入京した。この後、義詮は近江守護佐々木道誉《ささきどうよ》らの支援を得て京都を奪還したが、このとき南朝軍は三種の神器と北朝の三上皇（光厳・光明・崇光）・廃太子直仁《なおひと》（光厳の子で、花園の養子）を賀名生に連れ去ったため、北朝はさらなる混乱に陥った。南朝は皇位継承候補と皇位を与えるべき上皇を連れ去ることで、北朝の復活を阻み、それによって幕府存立の名分をも奪おうとしたのである。

だが、このとき光厳の第三皇子弥仁《いやひと》が捕らえられず、残されたことで、北朝と幕府は救われた。幕府は改めて弥仁を践祚《せんそ》させ、北朝を再建させようとしたのである（践祚は天皇が皇位を継承する儀式。当時は即位を万民に示す即位式と区別され、即位式は践祚の後しばらくしてから執り行われた）。ただ、神器も、治天《ちてん》の君《きみ》も存在しないなか、弥仁（後光厳《ごこうごん》天皇）の践祚は困難を極め、結局、弥仁の祖母である広義門院寧子《こうぎもんいんねいし》（後伏見天皇女御）を治天の君に見立て、彼女の指示を仰ぐかたちで観応三年八月一七日、践祚は強行された。また、践祚を前に広義門院は二条良基を関白に復任させ、践祚の方式などは、良基を中心に秘密裏に話し合われた。北朝では、これ以前、閑院流出身の前太政大臣洞院公賢《とういんきんかた》が当代一の有職《ゆうそく》として政務を仕切っていたが、後光厳の践祚では、公賢は蚊帳《かや》の外に置かれていたらしい（林屋一九九二）。これ以降、後光厳は良基を篤く信頼し、かれが公賢に代わる位置を占めることになるのである。

後光厳が即位したことで、北朝は形式的には復活した。だが、この後も幕府の内部抗争は続き、南朝は幕府から離反した勢力と結んで入京を繰り返したため、北朝の政権は安定せず、このことは五摂家にもさまざまな混乱をもたらした。

都落ちする天皇と関白

まず、後光厳践祚の半年後には、足利直義の養子直冬《ただふゆ》（実父は尊氏）が南朝に降り、翌文和《ぶんな》二年（正平八年、一三五三）六月、直冬勢と合体した南朝軍が再び京都に侵攻した。このとき、後光厳は近江坂本に逃れたが、京都で幕府軍が大敗を喫すると、足利義詮は後光厳を奉じて美濃国小島《おじま》まで落ちのびていった。関白二条良基は坂本に留まり、しばらくして帰京したが、京都に戻ると、先祖代々の日記・文書を没収され、二条家の家督も南朝関白師基によって剝奪された。南朝は、後光厳の践祚に出仕した者は解官すると主張しており、践祚を主導した良基はとくに日の敵にされて、血祭りに上げられたのである。

しかし、七月二四日、西国からの援軍が南朝軍を討ち破ると、義詮も京都を奪還したため、貴族たちは再び後光厳の方に揺れていく。後光厳は小島から五摂家家長たちを召し、早く参上した者を関白に任じるとの方針を示したらしく、二条良基は関白が不破関《ふわのせき》（古代、都の防備のために設けた三関の一つ）の外に出ることなど前代未聞といいながらも、七月二七日、いち早く小島に参上して関白職を安堵《あんど》された（『小島のすさみ』）。九月二一日、後光厳は京都に帰還したが、こうして良基はますます天皇・幕府の信頼を得ることになった。

文和二年一二月、後光厳は即位式を行ったが、それから一年後の文和三年一二月にも、南朝軍は直冬軍と合流して三度目の京都侵攻を果たした。後光厳は尊氏に奉じられて近江武佐寺《むさじ》まで下向し、翌年三月までここに滞在した。このときも、良基は関白として天皇に付き従い、都落ちしている。

一方、ここで窮地に陥ったのが一条家である。前関白一条経通《つねみち》は京都に留まり、家嫡の内嗣《うちつぐ》は南朝の除目《じもく》によって大臣に任じられたのだが、後光厳が京都に帰還すると、このことが問題視され、「家門頗《すこぶ》る不快」とされたのである（『園太暦《えんのたいりゃく》』文和四年四月一六日条）。結局、この件はお咎《とが》めなしとされたものの、このことが響いたものか、二年後の延文《えんぶん》二年（一三五七）二月、内嗣は突然出奔して南朝に降った。北朝では翌年二月、弟の房経《ふさつね》が元服して家嫡に取り立てられており、一条家も南北に分裂したのである。

なお、近衛家では、正平一統の破綻直後の文和元年八月、経忠が失意のうちに吉野で没した。その後、経忠の嫡男経家《つねいえ》は南朝に背き、家領《けりょう》である大和国平田庄を拠点としたが、延文元年七月、突如北朝に降った。これは北朝に降れば、近衛家の家督を認めるという近江守護佐々木道誉との密約があったためらしい。道誉は経家を南北和睦《わぼく》交渉に利用しようとしていたと見られる（『園太暦』十月一三日条）。しかし、密約は幕府が正式に認めたものではなかったようで、近衛基嗣の家嫡道嗣《みちつぐ》が幕府に問い合わせたところ、経家に家督を認めた事実はない、とのことであった（『後深心院関白記《ごしんしんいんかんぱくき》』七月二二日条）。結局経家は北朝に帰降したものの、官位の昇進もなく、嘉慶《かけい》三年（一三八九）に没したのである。経家の子孫は南朝・後南朝《ごなんちょう》に関白として仕えたが（鈴木二〇一四）、もはや南朝に勢いはなく、ここに近衛家の分裂紛争はほぼ決着が付いたといってよいだろう。

二条良基の長期政権と義満

このように後光厳即位以後も、貴族社会は度重なる南朝軍の京都侵攻によって混乱した。また、そもそも皇位を先帝から譲られることもなく、神器もなく即位した後光厳は正統性に疑問が付けられていたが、関白良基は北朝を支える幕府と連携して公事《くし》復興を推し進め、天皇の求心力を強化させていった。

こうしたなか、良基は後光厳の時代、「天下を独歩《どっぽ》し、公家政務、殆《ほと》んど掌《たなごころ》に在り」といわれ（『荒暦《こうりゃく》』応永《おうえい》元年〈一三九四〉一一月六日条）、異例の長期政権を築いた。良基が最初に関白に任じられたのは、貞和二年（一三四六）二月のことである。正平一統にともなって一時解任されたが、かれの在任は延文三年（一三五八）一二月まで一二年の長期に及んだのである。しかも、その後も、貞治二年（一三六三）六月から貞治六年八月までは関白、永徳《えいとく》二年（一三八二）四月から至徳四年（一三八七）二月と嘉慶二年（一三八八）三月から同年六月までは摂政を務めた（一年余りの空白は、関白を譲った近衛兼嗣《かねつぐ》が急死し、良基がすぐに復任したため）。かれは嘉慶二年六月一三日に六九歳で没したが、前日に復辟《ふくへき》（摂政の辞任）して関白となり、同日、これを二男師嗣《もろつぐ》に譲っている。また、この間、応安二年（一三六九）一一月には良基の長男師良、康暦元年（一三七九）八月には、師良に代えて家嫡とされた二男師嗣が関白となっている。北朝五六年のうち、三五年は良基父子が摂関の地位を占めたのである（小川二〇二〇）。

さて、この間、幕府では延文三年四月、初代将軍尊氏が死去し、義詮が二代将軍となったが、義詮の時代、南北朝の内乱は九州を除いてほぼ収束し、南朝軍の京都侵攻も康安《こうあん》元年（一三六一）一二月を最後になくなった。一方で、この頃、将軍は有力守護の軍事力に依存していたため、有力守護の勢力が拡大し、このことはかれらの勢力争いに幕政が左右されることにもつながった。そこで、貞治六年一二月、義詮の死により三代将軍となった義満《よしみつ》は、守護の統制に乗り出すとともに、将軍の権威を高めるため、右近衛大将《うこのえのたいしょう》や内大臣《ないだいじん》に任官して、自身を「公家化」させていった（市沢二〇一一）。そして、このとき、朝廷側で重要な役割を果たしたのが良基であった。朝廷で高官に任じられると、任官拝賀《にんかんはいが》（お礼参り）を行ったり、内弁《ないべん》（節会をとりしきる責任者）や上卿《しょうけい》（年中行事などの運営責任者）、除目執筆など、複雑な作法をともなう所役を務める必要が出てくるが、ここで良基は義満の師範役を引き受け、こうした儀式作法を指導したのである。良基は義満を朝廷儀式に引き入れることで、義満の力によって公事の復興を図るとともに、先祖である九条兼実《くじょうかねざね》と頼朝《よりとも》の関係を理想として、改めて摂関家と武家の協調関係を構築した（小川二〇一二）。かれは、将軍の公事師範という役割に摂関家の新たな存在意義を見いだし、室町将軍を中心とした体制のなかに自らを位置づけていったのである。

こうしたなか、義満の主導下に、南北朝の講和の気運も高まり、両者の交渉も進展した。そして、明徳三年（元中九年、一三九二）一〇月、南朝の後亀山《ごかめやま》天皇（後村上の皇子）は吉野から京都に入り、閏一〇月、神器を北朝の後小松《ごこまつ》天皇（後光厳の孫）に渡したのである。これによって皇位は後小松に一本化され、南北朝は合一した。

室町将軍と摂関家

鎌倉時代、摂関の人事は事実上、幕府によって掌握されており、幕府は京都に使者を派遣して摂関の交代を告知した。室町幕府成立後も、幕府は事実上の朝廷のオーナーであり、摂関人事や官位昇進も、将軍が人事の実権をもち、武家執奏《ぶけしっそう》（将軍が治天の君に奏上すること）というかたちで介入することが多かった。そのため、応永《おうえい》五年（一三九八）三月、二条師嗣《もろつぐ》（良基の嫡男）が関白に任じられたとき、「准后禅閤《じゅごうぜんこう》（義満）芳恩《ほうおん》の至り、尤《もっと》も有り難《がた》し」と述べたように（『迎陽記《こうようき》』三月九日条）、任じられた本人は、これを将軍（室町殿）からの恩賞として意識した。

将軍に奉仕する摂関

だが、恩賞を得るためには、摂関家であっても将軍に対する奉仕が必要であった。応永二年正月、義満が太政大臣に任じられた後の任官拝賀では、「現任公卿、関白以下一人も不参すべからず」と命じられたといい（『実冬公記《さねふゆこうき》』正月二日条）、関白一条経嗣《つねつぐ》のほか、多くの公卿が義満の参内《さんだい》に付き従った。義満は南北朝内乱以降、武士の荘園占拠などによって収入の激減した貴族たちに対して、所領の保護も行っており（水野二〇〇五）、これらを通して、貴族たちを家司《けいし》や家礼《けらい》として、主従制下に編成していった。これを前提として義満は、自身も朝廷に出仕を果たしたのである。

ただ、なかには慣れない奉仕をしたため、そのことで命を縮める者もいた。至徳《しとく》四年（一三八七）三月一七日、前関白近衛道嗣《みちつぐ》（基嗣の嫡男）が死去したが、これについて『実

図17　足利将軍家系図

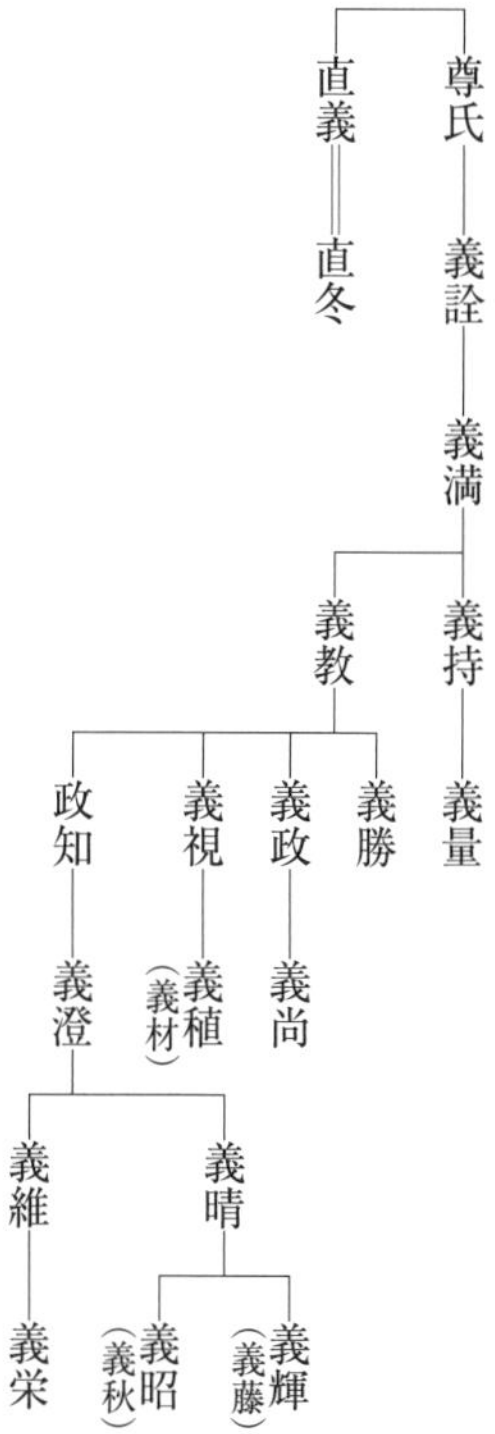

冬公記』同日条には「室町准后（義満）昵近《じっきん》以来、財産を得る事これ多しと雖《いえど》も、心労繁多《はんた》、病の初めなり」とある。道嗣の時代、近衛家は義満に近づいて財産を増殖させた。しかし、そのことで心労が大きくなり、道嗣は五六歳で没してしまったというのである。

また、ときには将軍の逆鱗に触れ、家領を没収されたり、失脚する者もいた。応永六年四月、関白二条師嗣は、前月に行われた興福寺供養《こうふくじくよう》に「馬副《うまぞえ》」（将軍の乗馬に付き添う従者か）を連れて行かなかったことが、義満の怒りを買い、関白辞任を申し出た。だが、義満からは「公家《こうか》（天皇）に申さるべし」と突き返され、出家を余儀なくされた（『迎陽記』四月一四日条）。道嗣の例といい、師嗣の例といい、気性の激しい義満への奉仕は、かなり神経をすり減らす仕事であったことがうかがえよう。

このほか、義満の頃から、二条家など将軍家に近い摂関家では、家督が将軍から実名の一字（足利氏の「義」など、親子に継承される通字ではない方の一字。これを偏諱《へんき》という）を与えられるようになる。これは応永五年、二条師嗣の嫡男（良基の孫）道忠《みちただ》の名前が、先祖である忠通《ただみち》の名前をひっくり返したものであったため、難ありとされ、義満が自ら偏諱を与えて満基《みつもと》と名乗らせたのが最初である（『迎陽記』三月二二日条）。武家社会では、偏諱を与えた者を擬制的《ぎせいてき》な親族関係に組み込み、従属させる慣習があった。したがって、五摂家の家督が将軍から偏諱を与えられたことは、まさに摂関家が将軍の従属下に置かれたことを知らしめることになった（水野二〇〇五）。

摂関家化する将軍家

このように将軍が事実上、摂関をはじめとする貴族たちの人事権を掌握し、かれらを主従制下に編成していくと、当然、将軍家の家格も上昇することになる。前述のように、二条良基は義満を朝廷儀礼に引き入れたが、事実上、義満の儀礼デビューとなった康暦元年（一三七九）の任右大将拝賀にあたり、良基は「一向御出仕等、毎事、摂家《せっけ》の儀を移さる」ことに決めたという（『満済准后日記《まんさいじゅごうにっき》』正長《しょうちょう》二年〈一四二九〉二月二七日条）。これ以後、将軍は摂関家の格式にならって朝廷に出仕し、儀式に参加するのが基本となったのである。

もっとも義満は明徳四年（一三九三）四月、後円融院《ごえんゆう》が没し、治天の君が不在になると、若い後小松天皇の後見として朝廷の政務を主導し、摂関どころか治天の君のように振る舞った。だが、応永一五年（一四〇八）五月、義満が没し、四代将軍義持《よしもち》の代になると、将軍家の治天の君路線は放棄され、再び摂関家に準じた存在として、後小松の朝廷を支えるようになっていった。

しかも、それは家格だけの問題でなく、義持は自身の役割自体、摂関のそれを模倣した。

図18　皇太子の裾を取る貴族（『駒競行幸絵巻』狩野晴川院養信，模本，東京国立博物館所蔵，Image: TNM Image Archives）

応永一九年八月、後小松は皇子躬仁《みひと》（称光《しょうこう》天皇）に譲位し、三年後の応永二二年、称光の大嘗《だいじょう》会《え》が行われたが、ここでは関白一条経嗣と義持が交代で天皇の束帯《そくたい》の裾《きょ》を取ったり（裾は束帯の尻から長く垂れ下がった部分。天皇の移動時には、摂関が天皇の裾を取るのが通例であった）、関白不参時に義持が天皇の出御《しゅつぎょ》（お出まし）に祗候《しこう》していたことが知られる。義持は関白と一体となって行動し、関白と同化したのである（石原二〇〇六・同二〇〇八）。

そうすると、このままでは摂関や摂関家の存在意義が失われてしまうように思われる。だが、この後も摂関家は存続し、将軍家は摂関家に取って代わることまではしなかった。

これはなぜなのだろう。一つの理由としては、将軍が摂関のように振る舞うために、摂関家の先例が必要だったことがあげられる。前述のように、康暦元年、義満の儀礼デビューとなった任右大将拝賀では、良基が義満邸を訪ねたり、義満が良基邸を訪ねたりして拝賀作法を指導したが、応永一八年一一月、義持の任内大臣拝賀でも、関白一条経嗣が義持に儀式の次第を書いて進上していた（後述のように、経嗣は良基の実子であった）。将軍は儀式作法の面では摂関家に依存しなければならなかったのである（石原二〇〇八）。

そして、もう一つの理由としては、将軍が朝廷を支配するうえで、摂関が利用できる存在だったことがある。近年の研究では、室町時代においても改元、院号宣下《いんごうせんげ》など、朝廷の独自の政務は機能しており、そこでは関白の役割が重要であったことが明らかにされている（水野二〇〇五・石原二〇〇八）。たとえば、義満の時代でも、明徳五年二月、後亀山上皇の太上天皇尊号宣下《たいじょうてんのうそんごうせんげ》では、義満が詔書《しょうしょ》の草案を関白二条師嗣に送っており、師嗣が許可したことで最終的に決定がなされた（『荒暦《こうりやく》』二月二三日条）。義持の時代でも、後小松の譲位は関白一条経嗣の発議により行われた（『不知記《ふちき》』応永一九年八月九日条）。朝廷の政務は、制度的には関白が責任者として決定・主導がなされたのであり、将軍は先に見たような主従関係を通し、こうした関白に指示を与えることが可能であった。摂関家に取って代わらないでも、制度的に朝廷政務を取り仕切る摂関を利用することで、将軍は自分の意志を容易に朝廷政務に反映させることができたのである。

一条家の台頭と二条家

南北朝時代以降も、摂関は五摂家の家督が順送りで任じられるのが基本であった。だが、五摂家は横並びではなく、摂関在任期間の長さや再任の可否によって差が付けられていた。なかでも一四世紀末まで、唯一摂関の再任や長期の在任を繰り返し、朝廷政治を主導したのが二条家である。二条家は良基以降も、代々将軍の公事師範として武家との蜜月関係を構築し、五摂家のなかでも別格の存在となったのである。

しかし、一五世紀に入った頃から、二条家では摂関継承が円滑にいかなくなった。前述のように、応永六年（一三九九）、良基の嫡男である二条師嗣は義満の勘気《かんき》をこうむり、関白辞任・出家に追い込まれた。その後、二条家は嫡男満基が相続し、応永一六年三月、関白に任じられたが、翌年一二月、かれは現職のまま二八歳で没してしまう。二条家出身の関白は、師嗣から満基までの間に約一〇年、満基からその跡を継いだ弟持基《もちもと》までの間に約一四年のブランクが生じたのである。そして、これにともなって台頭してきたのが一条家であった。二条家から摂関が輩出されなかった時期に、一条経嗣は三度関白となり、延べ一六年の長期にわたって関白に在仕して朝廷の「公事興行」も果たし（『吉田家日次記』応永五年三月五日条）、その地位を固めたのである。

ただ、実は経嗣は二条良基の末子であった。前述のように、一条家では延文二年（一三五七）、前関白経通の嫡男内嗣が南朝に出奔し、弟房経が家督となった。だが、貞治五年（一三六六）一二月、房経は一九歳で、関白任官もせずに没した。房経には子息もおらず、父経通も前年三月に没していたが、朝廷は一条家の断絶を避けるため、経嗣を房経の弟ということにして、かれに家督を相続させたのである（『吉田家日次記』貞治五年一二月二五日条）。

したがって、経嗣が二条師嗣や満基の後、長期にわたり関白を務めたのは、二条家家督への中継ぎとしての意味もあったと思われる。経嗣は二条家の一門として、ピンチヒッターとなったわけである。だが、経嗣が義満・義持の信頼を獲得し、しだいに良基の後継者として評価されるようになると、一条家もこれに危機感を抱くようになっていった。応永二一年一二月、称光天皇の即位式にあたって、経嗣は即位灌頂の作法を知らず、天皇に伝授できなかった（経嗣も良基の実子だが、即位灌頂の作法を伝えられるのは、二条家でも家督のみだったのであろう）。二条持基はこのことを非難し、経嗣の関白としての正統性に疑問を投げかけたのである。これに対し、経嗣は大嘗会神膳作法を記した『玉林抄』（一六六頁参照）を伝え、代々神膳の儀を務めてきたことを強調し、自分にも正統性があると訴えた（石原二〇〇八）。ここに満基と経嗣の関係は悪化し、二条家と一条家は、ともに五摂家のなかでも特別な位置づけを得ながら、良基の正統な後継者の地位をめぐって対立を繰り返すようになっていった。

一条兼良と後花園天皇

応永二五年一一月、経嗣が現任関白のまま六一歳で没すると、一条家は嫡男兼良《かねよし》が相続した。兼良は永享《えいきょう》四年（一四三二）八月一三日、二条持基の後をうけて摂政に任じられた。しかし、この頃、持基は六代将軍義教《よしのり》の公事師範として重きをなしており、すでに二条家と一条家の立場は逆転していた。

このことを端的にあらわすのが、兼良の摂政在任期間の短さである。実はかれの摂政就任には、条件が付けられていた。前任の持基は至徳四年（一三八七）正月、後小松天皇の元服で良基が摂政太政大臣として加冠役を務めた例にならい、自分も来年の後花園天皇の元服で加冠役を務めたいと述べており、兼良が年内に摂政を辞任して持基が復任することが最初から決まっていたのである（『満済准后日記』永享四年六月一七日条）。

実際、兼良は就任からわずか二か月後の一〇月二六日、摂政を辞任し、持基が復任するのだが、兼良は任官拝賀すら行えておらず、このことは周囲からも「無念の事」と見られた（『看聞日記《かんもんにっき》』）。嘉吉二年（一四四二）一〇月、兼良は、前回任官拝賀もせずに摂政を辞任したのは、先例もないことで「口惜しい」といい、今度関白に任じられたならば、任官拝賀だけ済まして早々に辞任するからといって摂関再任を申し出たが、これも叶わなかった（『康富記』一〇月二六日条）。

ところが、文安三年正月、兼良は太政大臣となり、翌年六月、関白に任じられて念願の摂関再任を果たす。しかも、享徳《きょうとく》二年（一四五三）三月、関白を辞任すると、直後の六月には准三宮《じゅさんぐう》となり、長禄二年（一四五八）一二月には嫡男教房《のりふさ》が関白に任じられたのだが、応仁《おうにん》元年（一四六七）五月、兼良は再び関白に復任した。准三宮からの関白就任は前例のないもので、「はなはだ不審」といわれている（『後法興院政家記《のちのほうこういんまさいえき》』五月一四日条）。異例の厚遇といってよいだろう。

では、なぜ兼良はこのように再起を果たすことができたのだろう。これについては近年、伏見宮家《ふしみのみやけ》との関係が指摘されている（田村二〇一三）。伏見宮家とは、正平一統の瓦解後、南朝軍によって賀名生に連れ去られた崇光天皇の皇統で、その後、幕府によって後光厳天皇が立てられると、京都に戻ったものの皇位継承からは排除されていた。ところが、正長二年（一四二九）七月、称光天皇が皇子がないまま危篤となると、伏見宮貞成《さだふさ》（崇光の孫）の皇子である彦仁《ひこひと》が後小松院の養子に迎えられ、称光の没後、即位して後花園天皇となった。兼良は、伏見宮に後花園即位以前から接近し、故実を教示するなどしていたのである。

また、後花園は、後小松の養子として後光厳皇統の後継者に位置づけられていたが、永享五年、後小松が死去すると、実父貞成に太上天皇（後崇光院）の尊号宣下をするなど、崇光皇統の後継者であることを強調しはじめる。こうしたなかで、兼良は貞成の尊号宣下に積極的に賛同し、後花園の信頼を獲得した。そして、後花園とその皇子である後土御門《ごつちみかど》天皇の下、兼良は異例の厚遇を得て、一条家の復活を果たしたのである。

室町時代の近衛・鷹司・九条家

それでは、このほかの三家はどのような状況だったのだろう。まず、近衛家は二条家・一条家と異なり、関白になっても一年か二年程度しか在任できなかったが、摂関継承自体は円滑に行われた。応永一五年（一四〇八）四月から一年弱関白を務めた忠嗣《ただつぐ》は、応永二九年閏一〇月、四〇歳のとき、最愛の妻が死去すると、自分も後を追って切腹しようとし、周りが止めると自ら髻《もとどり》を切って出家するという騒動を起こしているが（『看聞日記』閏一〇月二三日条）、忠嗣の跡は嫡男房嗣《ふさつぐ》に継承され、房嗣は文安《ぶんあん》二年（一四四五）一一月、摂関再任を欲する一条兼良を押しのけて関白に任じられている。

これに対し、摂関継承が円滑にいかなかったのが、鷹司家である。鷹司家では、至徳三年（一三八六）六月、前関白冬通《ふゆみち》が没した後、嫡男冬家《ふゆいえ》が跡を継いだが、四五歳まで大臣にもなれないなど昇進スピードは鈍く、応永三二年（一四二五）五月、ついに摂関に任じられないまま出家し、同三五年五月に死去した。そのため、文安四年、近衛房嗣の後任の関白人事が持ち上がったときには、冬家の嫡男で左大臣であった房平《ふさひら》が関白になるのが「理運《りうん》」（道理に叶っている）と見られたにもかかわらず、先代冬家が摂関に任じられず、内覧宣下も下されなかったことが問題視され、関白は一条兼良に取られてしまった（『康富記』六月一日条）。しかも、享徳二年（一四五三）四月、兼良の次の関白人事でも、右大臣二条持通が関白に任じられ、房平は持通に抜かれてしまう。同じ五摂家といいながら、鷹司家は一代の断絶が尾を引き、他家に比べて劣る存在と見られたのである。

一方、家督争いが発生し、混迷をきわめたのが九条家である。九条家では、鎌倉末期以来、家督の早世が相次いだ。貞和五年（一三四九）七月、道教《みちのり》がやはり三二歳で早世した後、その跡を継いだのは経教《つねのり》であったが、かれは実は二条道平《みちひら》の子であったらしい（『諸《しょ》家伝《かでん》』)。九条道家は二男良実を義絶し、その子孫が家領を知行することを禁じたが、皮肉なことに一四世紀後半、九条流は良実の子孫に占められていたのである。

ところが、経教の後も、関白となった家嫡忠基《ただもと》には男子がなく、忠基の跡を継いだ弟の教嗣《のりつぐ》も応永一一年(一四〇四)八月、関白にならず四三歳で死去するなど、家督相続は綱渡りが続いた。教嗣の後は弟の満教《みつのり》が相続し、応永二五年一二月、関白となったが、満教の嫡男加々丸《かかまる》は病弱で(文安五年〈一四四八〉一〇月、元服せずに出家)、文安五年九月、満《みつ》家《いえ》(満教から改名)の病状が悪化すると、相続をめぐる問題が発生した。満家は一〇歳の孫成家《しげいえ》(加々丸の子)と、四歳の実子政基《まさもと》の二人に家督の譲状を与えてしまっており、家督をめぐって政基・成家の周辺が対立したのである(酒井二〇二〇)。

窮した満家は、その弟で興福寺大乗院門跡《だいじょういんもんぜき》である経覚《きょうがく》に裁定を求め、それに従って、政基を家督としつつも、政基は幼いので、かれが成人するまでは成家が家督となり、成人後は政基に家督を譲ることと取り決められた。そして、翌文安六年五月、満家が五六歳で没すると、家督は政忠《まさただ》(成家から改名)が継承した。

しかし、長禄三年(一四五九)二月、政基が元服した後も、政忠は家督の座を明け渡さず、このことを政基が後花園天皇に訴えると、両者の対立は再燃した。こうしたなか、政忠は政基を支持して動いていた家礼の唐橋在治《からはしありはる》の殺害を企てたが、これが露見したことで、寛正《かんしょう》六年（一四六五）二月、隠居に追い込まれる（丸山二〇一一）。これによって政基が改めて家督として認められ、文明《ぶんめい》八年（一四七六）五月には関白となった。

だが、その後も政忠は将軍義政に接近して復権を画策し、文明一九年二月、義政の執奏により突如として関白に任じられた。政忠の関白就任は一代限りとされたので、政基の家督としての地位には影響を与えず、九条家は分裂までには至らなかった。だが、家政職員も政基派と政忠派に分かれて争ったため、家政の混乱は長く続いたのである。

応仁の乱と五摂家

一五世紀後半、九条家と同様の家督争いは、幕府を構成する武家の諸大名でも頻発していた。この頃、大名家では被官《ひかん》と呼ばれる家臣層が力をもち、その派閥がそれぞれに家督候補を立てて対立したのである。なかでも幕府の首相格である管領職《かんれいしき》を世襲する畠山《はたけやま》氏の家督争いは、将軍家や有力大名家を巻き込んで激化し、文正《ぶんしょう》二年（一四六七）一月、対立する双方が軍勢を上洛させ、京都で衝突した。応仁《おうにん》の乱《らん》のはじまりである。

応仁の乱は京都が主戦場となったため、兵火によって邸宅を失った貴族も多く、京都から郊外へ疎開する動きが広がった。たとえば、近衛家では、応仁元年（一四六七）六月一六日、前関白房嗣が、邸近くの西軍大名斯波義廉《しばよしかど》の邸宅への攻撃が噂されていると聞くや、「老耄《ろうもう》の身、堪忍然《かんにんしか》るべからず」として、嫡男政家《まさいえ》とともに宇治の荘園に下っている（『後知足院関白記』）。また、一条兼良は現任関白であったが、同年九月一四日、本邸の一条室町殿が焼失してしまい、翌年八月一八日、子息の興福寺大乗院門跡尋尊《じんそん》を頼って奈良に疎開した。この後奈良には続けて九条政忠や前関白鷹司房平も疎開したが、このうち房平は文明四年（一四七二）一一月、そのまま奈良で死去している。

　また、戦乱の拡大にともなって貴族の収入となる荘園年貢も滞るようになったため、京都近郊だけでなく、遠方の荘園に下向して、直接これを支配しようとする動きも起こった。応仁の乱の時期、五摂家でこれに先鞭《せんべん》を付けたのは、一条家であった。応仁元年八月、兼良の嫡男前関白教房は父より先に奈良に下向していたが、翌年九月になると、家領である土佐幡多庄《はたのしょう》に下向した。また、教房の嫡男政房《まさふさ》は応仁二年一一月、奈良から家領の摂津国福原庄《ふくはらのしょう》に下向し、現地で直接支配にあたった。だが、翌年一〇月、東軍大名山名是豊《やまなこれとよ》の軍勢が福原庄に隣接する兵庫津に上陸したとき、政房は戦乱に巻き込まれて横死した。このため、兼良は教房の弟である冬良《ふゆら》を新たに教房の養子として跡を継がせ、冬良は長享二年（一四八八）八月、関白に任じられるのである。

文明九年一一月、応仁の乱が一応の終結を見ると、京都では後土御門天皇や前将軍義政を中心に、文芸復興の気運が高まった。こうしたなか、同年一二月一七日、兼良も約一〇年ぶりに帰京した。以後、かれは義政やその正妻日野富子《ひのとみこ》の求めに応じて『源氏物語』など古典の講義を行ったり、九代将軍義尚《よしひさ》のために『樵談《しょうだん》治要《ちよう》』を著して政道を説くなど、学芸活動に励んだ。この背景には、各地の荘園の荒廃にともなう経済的困窮が指摘されているが、公事や古典文化の権威という側面に、自身の新たな価値を見いだしたということもあるのだろう。戦乱のなか、京都が荒廃し、将軍家の権威も傾いていくなかで、摂関家は再び新たな存在意義を模索しはじめたのである。

戦国の摂関家

五摂家の序列変動

戦国時代になると、即位儀礼にともなう費用を節減するため、天皇の在位が長期化し、幼帝の即位がなくなった。これまでも、天皇と摂関家の姻戚関係は失われた状態が続いていたが、幼帝がいなくなったことで、摂関家は摂政として幼少期から天皇の成長を見守り、その役割を代行することがなくなり、摂関家と天皇の関係はいっそう希薄化した。

また、戦乱の拡大によって朝廷・貴族社会は縮小し、それとともに朝廷政治は天皇と側近集団を中心に運営されるようになって、ここにも摂関家の関与は弱まった（池二〇〇三）。応仁の乱後も、天皇が京都を離れなかったのに対し、現任関白の一条兼良は奈良に下向して、応仁二年（一四六八）八月から兼良が関白を辞す文明二年（一四七〇）七月までの約二年間、関白が京都にいなかったことは、このことを象徴するものといってよいだろう。

こうしたなか、応仁の乱を境に五摂家の序列にも大きな変動が生じた。それまでトップにあった二条家がその地位を低下させ、逆に苦境にあえぐようになったのである。二条家では、文明一二年（一四八〇）九月、政嗣《まさつぐ》が三八歳で急死したのに続き、明応《めいおう》六年（一四九七）一〇月、政嗣の嫡男尚基《ひさもと》も二七歳の若さで没した。これによって二条家は政嗣から尚基の間で二一年、尚基から嫡男尹房《ただふさ》の間でやはり二一年、関白を輩出できず、政治的低迷が続いた。しかも、二条家は他家に比べて所領が少なく、戦乱が広がると経済状況はますます苦しくなったらしい。尚基の死について記した三条西実隆《さんじょうにしさねたか》は「凡《およ》そ彼《か》の家門《かもん》の儀、近日零落、殆《ほとん》ど常篇《じょうへん》に絶《ぜっ》す（尋常でない）。秋衣《しゅうい》の儲《もう》け無く、寒威《かんい》数日膚《はだ》を侵《おか》す」と述べている（『実隆公記《さねたかこうき》』一〇月一一日条）。この頃、二条家は困窮し、尚基は着るものさえ用意できないほど追い詰められていたのである。

これに対して、この頃から巻き返しを強めたのが近衛家である（石原二〇一八）。経済基盤の貧弱な二条家に対して、近衛家は近衛流の嫡流として宇治や摂津など、京都近郊に多くの荘園を保持し、経済的に余裕があった。また、家長である近衛政家は若い頃から将軍義政に接近してその信頼を獲得していた。文明一一年（一四七九）二月、政家は義政の執奏によって関白となったのだが、このとき前任関白の九条政基に対し、内々に辞任するよう義政の命があったという（『親長卿記《ちかながきょうき》』二月三〇日条）。しかも、この人事は序列上、政家の上位に鷹司政平《まさひら》がいたにもかかわらず、政家を先に関白に任じるという異例の人事であった（表5）。政家の関白就任は義政の意を背景にした、かなり強引なものだったのであり、政家に対する義政の信頼の程がうかがえる。

この後、近衛家では政家の嫡男尚通《ひさみち》が明応二年三月から同六年六月まで関白を務め、永正一〇年（一五一三）一〇月、関白に再任された。これによって、二条家・一条家のみに関白再任を認め、二家を別格としてきた、それまでの五摂家の序列は崩壊した。近衛家はこの後も、代々の家長が将軍家や有力武家と密接な関係を築き、戦国時代、二条家に代わって五摂家の筆頭的存在に躍り出るのである。

九条政基の殺人と在荘

一方、この頃、九条家では、前代未聞の事件が発生した。家督争いにともなう家政の混乱が長く続いたこともあり、応仁の乱後、九条政基は譜代《ふだい》の家司であり、母方のいとこでもある唐橋在数《ありかず》（在治の子）に家領の経営を

表5　叙爵日時と摂関就任の順序（南北朝～戦国）

氏名	叙爵の年月日	叙爵の順序	摂関就任の順序
近衛基嗣	正和 4(1315) 8・17	1	1
一条経通	元亨 1(1321)12・15	2	2
九条道教	元亨 3(1323)12・22	3	3
鷹司師平	正中 2(1325)12・29	4	4
二条良基	嘉暦 2(1327) 8・ 9	5	5
九条経教	建武 2(1335) 2・27	6	6
近衛道嗣	建武 4(1337) 8・25	7	7
鷹司冬通	暦応 3(1340) 8・22	8	8
二条師良	貞和 5(1349) 3・25	9	9
九条忠基	文和 3(1354) 2・29	10	10
二条師嗣	貞治 5(1366) 8・29	11	11
近衛兼嗣	貞治 6(1367) 3・17	12	12
一条経嗣	貞治 6(1367) 3・23	13	13
近衛忠嗣(良嗣)	康応 1(1389)12・20	14	14
二条満基	明徳 4(1392)12・23	15	15
九条満教	応永11(1404)12・15	16	16
二条持基	応永16(1409)12・20	17	17
一条兼良	応永19(1412)11・28	18	18
近衛房嗣	応永20(1413)12・19	19	19
二条持通	応永34(1427)12・29	20	20
一条教房	永享10(1438)11・28	21	21
二条政嗣	康正 1(1455)12・8	22	22
九条政基	長禄 3(1459) 2・23	23	23
鷹司政平	長禄 3(1459) 2・26	**24**	**25**
近衛政家	寛正 3(1462)12・20	**25**	**24**
一条冬良	文明 4(1472)12・25	26	26
近衛尚通	文明14(1482) 2・19	27	27
二条尚基	文明14(1482) 4・17	28	28
九条尚経	文明16(1484) 8・29	29	29
鷹司兼輔	延徳 4(1492) 2・28	30	30
二条尹房	永正 5(1508)12・27	31	31
近衛稙家	永正11(1514) 8・12	32	32
九条稙通	永正11(1514) 8・27	33	33
一条房通	永正14(1517) 4・30	**34**	**35**
鷹司忠冬	享禄 2(1529) 9・ 5	**35**	**34**
二条晴良	天文 5(1536) 9・22	36	36
一条兼冬	天文 8(1539)12・19	37	37
近衛前久(晴嗣)	天文 9(1540)12・30	38	38
九条兼孝	弘治 3(1557) 4・ 5	39	39
一条内基	弘治 4(1558) 1・ 6	40	40
二条昭実	永禄11(1568)12・16	41	41

※鷹司房平・九条政忠（成家）は叙爵の時期が確認できないため、表から除いた。

任せ、荘園支配の再建をはかった。ところが、在数は、九条家にとって重要な収入源であった畿内近郊の荘園の一つ、和泉国日根庄《ひねのしょう》の奉行《ぶぎょう》に任じられると、隣国紀伊の有力寺院である根来寺《ねごろじ》から私的な借銭を重ねたうえ、日根庄の年貢を借銭返済に流用し、九条家に対する年貢の納入を滞納するようになった。政基がこのことを咎めると、かえって在数は政基の悪口を言いふらしたため、明応五年正月七日、政基は嫡男尚経《ひさつね》とともに在数を殺害したのである。

だが、当然のことながら、このことは朝廷において大問題となった。在数は後土御門天皇の側近でもあったため、天皇は激怒して政基を勅勘《ちょっかん》に処し、尚経の出仕も停止したので、九条家は存亡の瀬戸際に立たされたのである。その後、明応七年一二月、尚経は後土御門の皇子である尊敦《たかあつ》親王の仲裁によって勅勘を免じられ、出仕を許された。これによって九条家はなんとか断絶はまぬがれたが、政基は京都にいることもままならず、文亀《ぶんき》元年（一五〇一）三月、田舎に蟄居《ちっきょ》すると称して、先述の日根庄に下向したのである。

ただ、政基は転んでもただでは起きなかった。この頃、日根庄は和泉守護による侵略をたびたび受けていたが、政基は下向すると、直接同庄の経営を行い、根来寺や守護勢力と交渉することでその再建を図った。しかも、文亀二年九月には、二男澄之《すみゆき》を幕府の実権者である細川政元《ほそかわまさもと》の養子に送り、細川氏（京兆家《けいちょうけ》）と一体化しようとした。文亀元年六月には尚経が関白に任じられており、政基は経済基盤を確保するとともに、自身の下に公武の政権を一体化させる政権構想をもくろみ、巻き返しを図ったのである（廣田二〇一二）。

しかし、結局政基の企ては成功しなかった。日根庄は、守護排除には成功したものの、それと敵対する根来寺の勢力下に置かれることになり、政基は根来寺の寺僧を代官に任じ、支配を任せることにしたので、結果として日根庄は事実上、根来寺領となったのである。

こうして政基は永正《えいしょう》元年（一五〇四）一二月、帰洛する。また、政元の養子となった澄之は、永正四年、細川京兆家の内紛に巻きこまれて討たれ、政基の野望は打ち砕かれた。しかも、政基が帰洛すると、かれと関白尚経との間で摩擦が起こる。永正八年四月六日、父子は衝突し、双方の家政職員たちが合戦するまでに至ったのである。

なお、この合戦は死者三〇人、手負いの者は数知れずという大規模なものであったというから（『後法成寺関白記《のちのほうじょうじかんぱくき》』）、もはや武家の合戦と同じといってよく、戦国の摂関家の姿を象徴するものといえるだろう。この頃、九条家では家政職員との関係も強化され、戦国大名の「家中《かちゅう》」（家臣団）のようなものが形成されていたというが（廣田二〇〇三）、まさに九条家はその存在自体、武家に近づきつつあったといえるだろう。

摂関家の武家化といえば、土佐の一条家にもふれる必要があるだろう。前節で見たように、応仁の乱がはじまると、一条兼良の嫡男で前関白であった教房は土佐幡多庄に下向した。だが、教房は文明一一年（一四七九）一〇月、帰京することなく幡多庄で死去し、その子孫は現地に根を下ろして地域権力化した。かれらは国衆《くにしゅう》の支持を得るとともに勢力を拡大し、土佐半国を支配する戦国領主にまで成長したのである（中脇二〇一五）。

土佐の一条家

もっとも、土佐の一条家は摂関家である一条家そのものではない。前述のように、教房の嫡男政房は摂津国福原庄で横死し、その後、教房の弟冬良が家督となって摂関一条家を継いだ。土佐に土着したのは、これとは別に、教房の三男房家《ふさいえ》にはじまる家系なのである。とはいえ、土佐一条家が摂関一条家から全く切り離された存在であったかというとそうではない。というのも、土佐一条家の当主は土佐にありながら、摂関一条家の家長の猶子とされ、代々権大納言《ごんだいなごん》を極官《ごっかん》とする官位に任じられた。しかも、永正一一年（一五一四）三月、摂関一条家の冬良が死去すると、永正一三年一二月、房家の二男房通が父とともに上洛し、冬良の家督に迎えられた。そもそも教房が土佐に下向したのは、幡多庄からの年貢収入を確保するためであった。摂関一条家は分家である土佐一条家を幡多庄現地に置くことで、京都にいながらにして収入を確保したのであり、これは一種の一族内分業といってよいだろう。貴族の多くが地方に下って朝廷に出仕できなくなったり、反対に京都にあって経済的困窮に見舞われるなか、一条家はこうした手法を取ることで、経済基盤を維持しながら在京奉公を続けることができたのである。

将軍義晴と近衛家

応仁の乱の終結後も、京都では、幕政の実権を握った細川京兆家の分裂抗争など、戦乱が続いた。そのため、五摂家のなかには、一条家以外にも地方に活路を見いだそうとするものがいた。先に二条家が困窮し、尚基が零落のために命を縮めたことは見たが、尚基の嫡男尹房は頻繁に備前・備後・若狭・加賀などに在国したのである（小川二〇二〇）。だが、世は戦国であり、地方も安全とはいえなかった。尹房は周防《すおう》の大名大内義隆《おおうちよしたか》に庇護され、その城下山口にいたところ、天文《てんぶん》二〇年（一五五一）、義隆の重臣である陶隆房《すえたかふさ》（晴賢《はるかた》）の謀反に巻き込まれて横死した。二条家は家長が二代続けて悲壮な死を遂げ、さらに悲惨な状況に追い込まれたといえるだろう。

一方、近衛家は、政家・尚通の後も相変わらず将軍家と結びつき、その地位を固めていた。尚通の嫡男稙家《たねいえ》は大永《たいえい》五年（一五二五）四月、関白に任じられたが、その後、一二代将軍義晴《よしはる》の信任を背景に、七年以上にわたり関白に在任し続けた。天文元年（一五三二）、

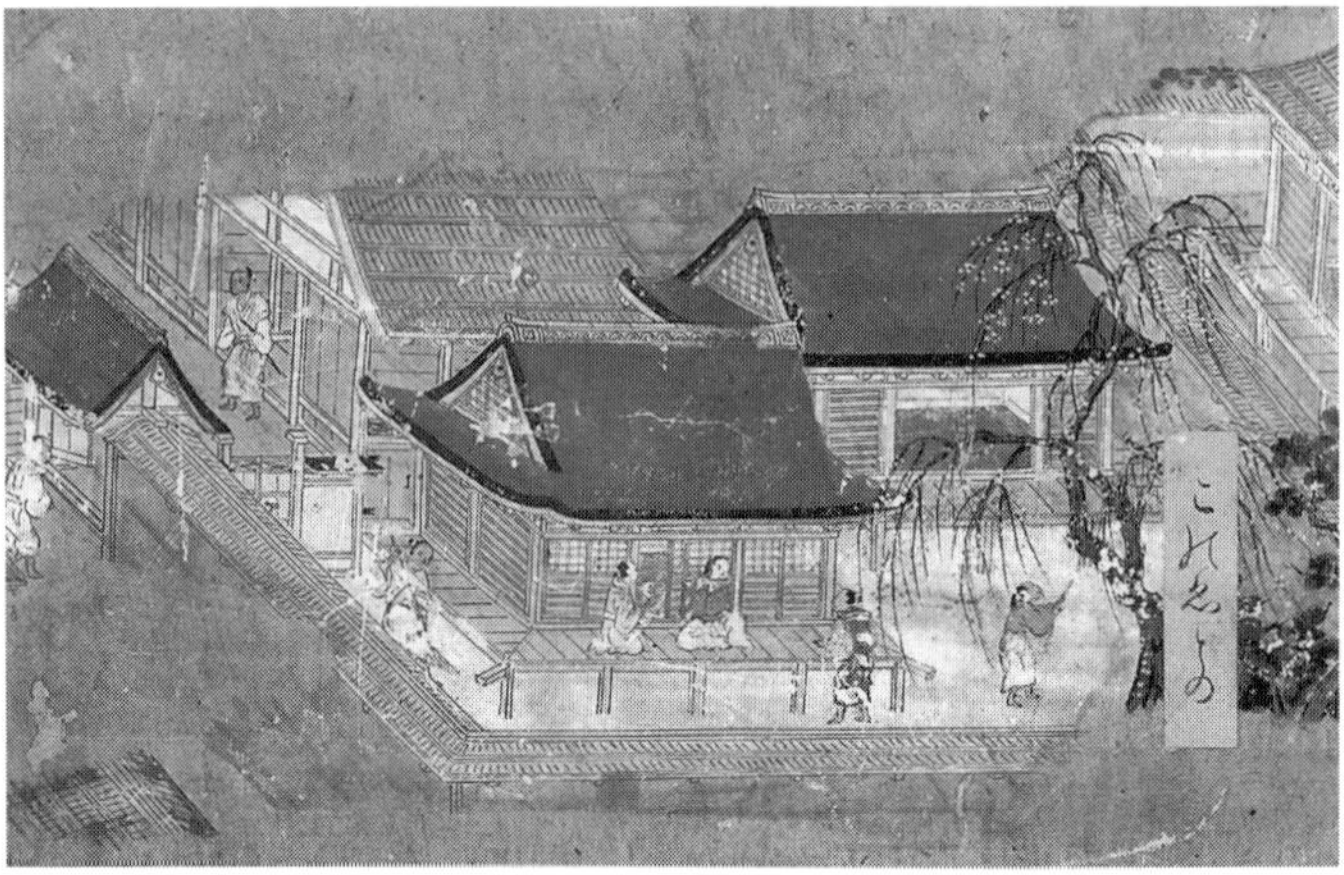

図19　近衛邸（『洛中洛外図屏風(歴博甲本)』国立歴史民俗博物館所蔵）

次位の内大臣九条稙通《たねみち》が関白就任を求めて訴えたが、稙家は将軍の執奏によって関白の地位に留まろうとしたのである（『二水記』天文二年二月五日条）。

　ところが、このとき、意外なことが起こった。ここで後奈良《ごなら》天皇は執奏を却下し、翌年二月、稙通を関白に任じたのである。実はこの背景には、将軍の存在感の低下があったようである。大永七年一〇月、将軍義晴の後ろ盾となっていた細川高国《たかくに》が、対立する細川晴元《はるもと》の軍勢と戦って大敗し、翌年五月、義晴は近江朽木谷《くつきだに》に没落した。そして、このときも義晴はまだ京都に戻れていなかったのである。ここから考えると、将軍権力の不安定化にともなって、それと結びついた近衛家の地位もぐらつきはじめたといえるだろう。これを見て、近衛家以外の摂関家も、近衛家を蹴落とそうとして動きはじめたのである。

ただ、政治情勢が不安定である以上、近衛家を蹴落とした稙通の地位もまた不安定なものであった。天文三年八月、義晴が敵対していた細川晴元と和睦し、京都に戻ると、同年一一月、稙通は突然関白を辞任して摂津に出奔した。これにともなって近衛家は復活し、天文五年一一月、稙家は関白に復任するのである。とはいえ、稙通もまだあきらめなかった。摂津に下った稙通は大坂本願寺を経て阿波に渡り、義晴と敵対する兄弟の義維《よしつな》を将軍に擁立しようとするなど、活発な動きを展開した（水野二〇一〇）。近衛家が将軍義晴と結んだのに対し、稙通はその敵対勢力と結んで再起をはかった。不安定な政治情勢のなか、五摂家の各家はより優位な地位を確保しようとして諸勢力と結び、互いに激しく対立しはじめたのである。

こうしたなかで、近衛家は将軍家との関係をますます深めていった。将軍家の正妻（御《み》台所《だいどころ》）は義満以来、摂関家の家礼でもあった日野家から迎えるのが通例だったが、天文三年六月、稙家の妹（慶寿院《けいじゆいん》）が入京直前の義晴の正妻として迎えられたのである。彼女は義晴との間に、一三代将軍となる義輝《よしてる》（義藤《よしふじ》）や一五代将軍となる義昭《よしあき》（義秋）を儲け、その後義輝も稙家の娘を正妻として迎えている。近衛家としては、先の稙通のような動きへの対抗上、将軍家との関係をさらに強化する必要が生じていた。一方、義晴としても、義維のような敵対勢力への対抗上、貴族のトップである摂関家と結ぶことで、自己の正統性を示し、不安定な将軍家の立て直しをする必要が生じていたのである（神田二〇一九）。

これ以降、近衛家は朝廷政治のみならず、将軍の縁戚として幕政にも深く関与していく。室町時代、天皇と将軍の間の意思の伝達は、勧修寺《かじゅうじ》流・日野流諸家から任じられる武家伝奏が仲介した。だが、義晴・義輝の時代には、ここに近衛家が介入し、武家執奏の使者として天皇に働きかけたり、武家伝奏とは別に天皇と将軍の間を仲介するようになった。また、天文一九年、義晴が死去すると、稙家や妹の慶寿院が将軍義輝の後見となり、幕府奉公衆（将軍側近の御家人）の人事や任官斡旋《あっせん》などにも介入した（湯川二〇〇五）。本来、天皇の外戚として天皇家と一体化し、天皇や朝廷を支えてきた摂関家が、将軍の外戚として幕政の中枢を担うようになったのであり、これも武家に近づきつつあった戦国の摂関家のあり方を象徴するものといえるだろう。

一方で天文二年の入京後も、近衛家が頼りとする将軍義晴の権力は安定しなかった。天文一五年から翌年にかけ、義晴は細川晴元と敵対して近江に追われたし、天文一七年七月には、晴元が被官三好長慶《みよしながよし》と衝突して敗北し、長慶が京都を制圧したため、長慶と対立した義晴は再び近江坂本に逃れたのである。その後、義晴は近江穴太《あのう》で没し、義藤が跡を継いだが、義藤も天文二一年正月、長慶との和睦が成立するまで京都に入ることができなかった。しかも、この後、翌年も義藤と長慶は衝突し、永禄《えいろく》元年（一五五八）一一月まで五年間も近江朽木谷での滞在を余儀なくされた。そして、将軍の後見役だった稙家も将軍の近江下向の度に都落ちをせざるを得なかったのである。

関東に下向する関白

こうしたなか、永禄元年一一月、三好長慶と和睦して入京した義輝（義藤から改名）は、翌年、諸国の大名に上洛を促し、将軍・幕府体制の再建・強化を図った。これに応えて美濃の斎藤《さいとう》（一色《いっしき》）義龍《よしたつ》や尾張の織田信長《おだのぶなが》、越後の長尾景虎《ながおかげとら》（のちの上杉謙信《うえすぎけんしん》）らが上洛したが、ここで将軍支援勢力として、特別に義輝や近衛家からのを期待を集めたのが、長尾景虎であった。近衛家では天文二三年三月、稙家の嫡男前嗣《さきつぐ》（任官時は晴嗣《はるつぐ》。のち前久《さきひさ》）が一九歳で関白に任じられていたが、とくに前嗣は景虎に心酔し、永禄三年九月には景虎を頼り、現任関白として初めて関東に下向した。前嗣は義輝の意も受けて、景虎の関東計略を支援し、その勢力をもって京都の体制を立て直そうとしたのである（近衛一九八〇・谷口一九九四・湯川二〇〇五）。

前嗣が関東に下向したとき、まさに景虎は関東管領上杉憲政《のりまさ》の要請に応え、小田原の北《ほう》条《じよう》氏康《うじやす》討伐のため、軍を越後から関東に進めていた。北条氏は古河公方《こがくぼう》足利義氏《よしうじ》を擁立して関東支配を正統化しており、前嗣の存在はそれに対抗する旗頭になったらしい。しかし、景虎をもってしても小田原城は容易に落とせず、永禄四年閏三月、景虎はその代わりに鎌倉に入って鶴岡八幡宮《つるがおかはちまんぐう》で上杉憲政から関東管領職と上杉氏の家督を譲り受け、上杉政虎《まさとら》と改名した。関東管領は幕府の関東支配の拠点である鎌倉府の首相格であり、かれはこれによって関東支配の正統性を獲得しようとしたのである。

その後、政虎は下総古河《こが》城を拠点として関東計略を進めた。だが、政虎はたびたび本拠である越後に戻ったので、その度に北条が反撃して、上杉勢からも離反が相次いだ。そのうえ、北条と結んだ甲斐の武田信玄《たけだしんげん》が上野・武蔵に侵入して上杉勢の勢力拡大を防いだため、永禄五年四月、政虎の関東計略は失敗に終わった。前嗣はこれに失望し、京都に戻ってしまう。

しかし、帰京した前嗣には、さらなる悪夢が待っていた。永禄七年七月、三好長慶が病没したが、その後、長慶の跡を継いだ義継《よしつぐ》と一族の三好三人衆（三好長逸《ながやす》・三好政康《まさやす》・岩《いわ》成友通《なりともみち》）が義輝と対立し、翌年五月、義輝はかれらの軍勢に攻められ討ち死にしたのである。このとき、稙家の妹で義輝の母である慶寿院も自害した。しかも、この後三人衆は永禄一一年二月、かつて義晴と敵対し四国に没落した義維の子息義栄《よしひで》を一四代将軍に迎えた。こうして義輝―近衛家の政権は崩壊したのである。

信長と五摂家

ところが、ここに颯爽と登場したのが、織田信長であった。信長は永禄一〇年八月、美濃稲葉山《いなばやま》城を陥落させると、これを岐阜城として新たな居城に定めるとともに、越前一乗谷《いちじょうだに》に逃れていた義輝の弟義秋（のちの義昭）をここに迎えた。そして、永禄一一年九月、軍勢を率いて上洛戦争を開始すると、南近江の六角義賢《ろっかくよしかた》やそれと結ぶ三好氏の軍勢を破って入京し、同年一〇月、義昭（義秋から改名）を一五代将軍としたのである。

だが、これで近衛家と将軍家の蜜月関係が復活したかというと、そうはならなかった。近衛前久（前嗣から改名）はここまで一四年にわたり関白に在任してきたが、義昭が将軍になると、永禄一一年一一月、関白を解任されて摂津へ出奔した。義昭と前久はいとこどうしだったが、これ以前、前久は義栄や三好氏の有力被官だった松永久秀《まつながひさひで》に接近しており、このことが義昭に警戒されたらしい（谷口一九九四・橋本二〇〇二）。

そして、かれに代わって関白に任じられ、義昭の側近となったのは二条晴良《はるよし》であった。晴良は山口で横死した尹房の嫡男で、永禄一一年四月、越前朝倉《あさくら》氏に保護されていた義昭が元服したとき、わざわざ越前まで下向するなど、将軍宣下以前から義昭への接近を図っていた。晴良は関白になると、義昭・信長の信頼を獲得し、天正《てんしょう》六年（一五七八）一二月までの一〇年間、関白を務めて、二条家を復活させたのである。

かれはまた、関白の地位をもって信長の政権運営にも深く関わり、元亀《げんき》元年（一五七〇）一二月、信長と敵対する越前の朝倉義景《よしかげ》、北近江の浅井長政《あさいながまさ》との和睦に際し、晴良が近江の園城寺《おんじょうじ》まで赴いて両者の和平調停にあたったことが知られている（片山二〇一七）。また、晴良は長男兼孝《かねたか》を子息のなかった九条稙通の養子として家督を相続させたほか、天文一五年、前関白忠冬《ただふゆ》の死によっていったん断絶した鷹司家も、天正七年、かれの四男信《のぶ》房《ふさ》が相続することを認められた。晴良のもと、二条家は五摂家のうち三家を押さえるに至ったのである。

一方、前関白近衛前久は京都出奔後、信長と敵対する大坂本願寺に身を寄せ、三好義継や浅井長政らと結んで反信長・義昭の立場を鮮明にした。しかし、その後、将軍義昭と信長の関係が決裂すると、状況は一変する。前久は元亀二年末頃、本願寺を出て三好義継の本拠河内若江城に移り、さらに元亀四年（天正元年）頃、若江から丹波黒井城に移ったが、同年、義昭は信長によって京都から追放されており、天正三年六月、前久は信長の取りなしで帰京を許された。そもそも前久は義昭ににらまれていたものの反信長ではなかったのである。

以降、前久は帰京直後の天正三年九月には、九州に下って島津氏・相良《さがら》氏の和平を斡旋、天正八年三月には、信長と本願寺との講和に使者として起用されるなど、外交的な役割をもって信長の政権運営を助けた。一方、二条晴良は義昭追放後も関白に在任し、天正六年一二月には長男の九条兼孝に交代した。その後、天正九年四月には一条内基《うちもと》が関白に任じられるが、土佐一条家と対立する長宗我部元親《ちょうそかべもとちか》と信長が敵対した関係から、一条家も信長とは良好な関係を築いていたらしい（水野二〇一二）。このほか、九条家・鷹司家が二条家に属したことは右に述べた通りで、信長が畿内周辺の敵対勢力を掃討し、権力を固めるなかで、五摂家は信長のもとに総与党化したのである。

しかし、天正一〇年六月二日、信長は明智光秀の謀反にあって本能寺で討ち死にし、光秀も山崎合戦で羽柴秀吉に討たれた。するとその直後、近衛前久は光秀との関係を疑われ、再び京都から出奔して徳川家康を頼って遠州浜松に下った。信長の死によって政権が動揺するなか、五摂家では再び各家の対立が顕在化したのである。

中世摂関家の終着点——エピローグ

秀吉の関白就任

本能寺の変後、山崎合戦で明智光秀を討ち、一躍信長の後継者の地位に躍り出た羽柴秀吉《はしばひでよし》は、天正一一年（一五八三）四月には、これに反発する柴田勝家《しばたかついえ》を賤ヶ岳《しずがたけ》で破り、また翌年四月には、小牧・長久手で徳川家康・織田信雄《のぶかつ》連合軍と衝突するも、両者と講和して政権内に取り込み、その地位を固めていった。この間、秀吉は朝廷にも進出して、急速に官位昇進を果たした。

こうしたなか、天正一三年五月、二条昭実《あきざね》と近衛信輔《のぶすけ》（のちの信尹《のぶただ》）が関白の地位をめぐって対立した。昭実は晴良《はるよし》の嫡男、信輔は前久《さきひさ》の嫡男で、晴良が前久を蹴落として関白に任じられて以来、くすぶってきた二条家と近衛家の対立が再燃したのである。実はこれに火を付けたのは秀吉であった。この年三月、秀吉は権大納言《ごんだいなごん》から内大臣に昇任し、これにともなって内大臣であった信輔は左大臣となり、関白左大臣であった昭実は左大臣を辞任した。だが、秀吉はこのあと、一気に左大臣への昇任を望んだ。かつて信長は右大臣に任じられたが、その後本能寺で討たれたため、信長の例は凶例であるとして、右大臣は飛ばしたいと主張したのである。

しかし、そうなれば、信輔は左大臣を辞任しなければならない。だが、摂関家の家嫡が関白就任以前、無官となった前例は、鎌倉時代、寛元の政変にともなって摂関家の家格から転落しかけた九条忠家《ただいえ》や、鎌倉幕府滅亡にともない、後醍醐《ごだいご》天皇の命によって左大臣を解任された近衛基嗣《もとつぐ》など、特異な事例しかないとして、信輔は代わりに関白に任じられることを希望した。ところが、昭実の方もこの年二月に関白になったばかりで、任じられてから一年未満で摂関を辞任したのは、承久の乱で摂政を辞任させられた九条道家《みちいえ》や、吉野に出奔《しゅっぽん》した近衛経忠《つねただ》、当初からの約束で二か月だけ摂政となった一条兼良《かねよし》など、これも特異な事例しかないとして、昭実は関白辞任に強く抵抗したのである。

そこで、両者は秀吉に対して調停を求めた。だが、秀吉はこれを見て、自分自身が関白に就任したいと思いはじめ、側近前田玄以《まえだげんい》を介してこのことを信輔にもちかける。信輔は躊躇《ちゅうちょ》したが、秀吉は、関白が五摂家のほかからは任じられないというのであれば、自分が信輔の父龍山《りゅうざん》（前久）の猶子《ゆうし》となり、信輔の舎兄《しゃけい》となる契約を結ぶといい、関白職は暫時信輔に譲り渡すこと、代わりに条件として近衛家には一〇〇〇石《ごく》、他の摂家には五〇〇石の永代家領を与えることを提示した。そこで、信輔がこれを持ち帰って龍山に相談したところ、龍山は「関白ノ濫觴《らんしょう》（はじまり）ハ天下ヲアツカリ申《もうす》ヲ云《いう》ナリ。而《しかる》ニ今秀吉四海ヲ掌《たなごころ》ニ握レリ」として受け入れた（近衛家文書）。ここに秀吉は七月一一日、前久の猶子として関白に就任したのである。

こうした秀吉の関白就任は一見突飛に見えるが、本書では、平安末期以来、摂関家が武家と一体化していったこと、南北朝期以降は、摂関家の存在意義が模索され、将軍家の公事師範として将軍家に接近したこと、そして戦国期以降は天皇との関係を希薄化させた摂関家がしだいに武家化し、将軍家との関係をさらに強めて一体的な存在になったことを見てきた。こうした流れから見れば、摂関家は中世を通して武家との一体化、あるいは武家化を進行させてきたのであり、逆に武家が関白になるのも自然な流れであったといえるだろう。戦国時代には、関白は朝廷の政務・儀礼にも関与しなくなっており、近衛龍山がいうように、もはや五摂家より、天下人である秀吉にこそふさわしい地位になっていた。つまり秀吉の関白就任とは、中世摂関家の一つの終着点だったのである。

豊臣摂関家の興亡

では、そうすると、その後の摂関や摂関家はどうなったのだろう。

秀吉は信輔に関白を譲ることを約束していたが、かれは関白になると、その世襲化を図りはじめ、信輔との約束を反故《ほご》にしてしまう。天正一三年九月、秀吉は正親町《おおぎまち》天皇より豊臣朝臣《あそん》の氏姓を与えられることで、近衛家から独立し、従来の藤原摂関家とは異なる豊臣摂関家を創出した。そして、天正一九年八月、甥の秀次《ひでつぐ》を家督として、関白を秀次に譲ったのである。

一方、これに対して、裏切られた信輔は頼長《よりなが》や兼実《かねざね》の先例にならい、せめて内覧宣下《ないらんせんげ》されんことを願った。しかし秀吉にとって、もはや信輔が自分と同格の内覧になることなど、許されることではなかった（谷口一九九四）。これはかえって秀吉の怒りを買い、文禄《ぶんろく》三年（一五九四）四月、信輔は天皇を軽んじたなどとして薩摩国に流されたのである。

このとき、秀吉は天皇に信輔配流の罪状を示した覚書で、五摂家が御剣（三種の神器をさすか）を預かっているのは、天下を伐《き》り従えるためと聞いているが、実際には「一在所の儀」も伐り従えられていない。秀吉が御剣を預かり「国の一ヶ国もきりしたかへ候《そうら》はば、右の五人の関白職ニハ少しまし候はん哉《や》」などと述べている（『駒井日記《こまいにっき》』四月一三日条）。一地方さえ平定できない五摂家より、天下を平定した秀吉の方が関白にふさわしいというのである。これはかなり無理な言い分にも思えるが、天皇から離れ、武家と一体化した戦国の関白の姿から考えれば、秀吉の言い分にも全く理がないとはいえまい。こうした価値観によって秀吉は豊臣氏による摂関継承を正統化したのである。

一方、秀次に関白を譲った秀吉であったが、文禄二年八月、嫡男秀頼《ひでより》が生まれると、関白秀次との関係は悪化し、文禄四年七月、秀次は秀吉によって自刃させられた。これによって関白の地位は空席となったが、秀吉はここに後任の関白を任じることを許さなかった。本来ならば、五摂家から関白が任じられてもよかったはずだが、かれはこうすることで五摂家を排除し、関白が豊臣氏だけに世襲される家職であることを明示したのである。しかも、慶長《けいちょう》三年（一五九八）八月、秀吉は没するが、そのあとも関白職は秀頼が成長後、任じられるために空席とされ、朝廷は関白不在の状況が続いた。

しかしながら、秀吉が没すると、豊臣政権では徳川家康が台頭し、それに反発する石田《いしだ》三成《みつなり》ら吏僚《りりょう》派との間に亀裂が発生する。そして、慶長五年九月、家康が関ヶ原合戦で三成を破って覇権を確立すると、関白をめぐる状況も動きはじめる。同年一二月、家康は九条兼孝《かねたか》の関白再任を認め、豊臣氏による摂関独占を否定したのである。

とはいえ、これによって豊臣氏は摂関家の地位まで失ったわけではない。近年の研究で明らかにされているように、関ヶ原合戦後も、秀頼はなお秀吉の後継者として特別な位置づけを保持しており、かれは関白任官を望んでいたのである。実際、慶長九年一〇月、九条兼孝が関白を辞任すると、関白は再び空席とされ、内大臣であった秀頼の関白就任が期待された。しかし、徳川方はこれを阻もうとし、朝廷も翌年四月、秀頼を右大臣に任じたものの、関白には任じなかった。そして、七月、関白が任じられたが、それは秀頼ではなく、ここまで散々苦杯をなめさせられ続けた近衛信尹（信輔から改名）だったのである。こうして結局、秀頼は関白に任じられないまま、慶長二〇年五月、家康によって滅ぼされた。豊臣氏の滅亡によって、摂関職は五摂家のみが家職として持ち回りする、秀吉の関白就任以前の状態に戻されることが確定したのである。

近世の摂関家

最後にここまでの内容を踏まえ、近世以降の摂関家についても、若干の見通しを示し、本書の締めくくりとすることにしよう。

戦国時代、摂関家は生き残りのために武家に近づき、最終的に武家である秀吉の関白就任、豊臣氏による世襲化を許してしまう。だが、豊臣氏を滅ぼした徳川家康は、京都から離れた江戸に幕府を樹立したため、その後、貴族たちは、摂関家を含め、全体的に武家から切り離されていった。また、豊臣氏滅亡直後の元和元年（一六一五）七月、徳川幕府は禁中並《きんちゅうならびに》公家《くげ》諸法度《しょはっと》を制定し、武家の官位と貴族の官位を分離した。ここに至り、それまで曖昧な状態に置かれてきた武家と貴族の境界が明確になり、貴族は学問・芸能の世界に封じ込められるようになったのである（高橋一九九九）。

こうしたなかで、武家に接近していた摂関家は再び天皇の近くに引き戻され、天皇との外戚関係が復活する。まず慶長一六年三月、後水尾《ごみずのお》天皇が即位したが、かれの母は近衛前久の娘である女御《にょうご》前子《さきこ》であり、鎌倉時代の四条天皇以来の摂関家を外戚とする天皇となった。また、後水尾には徳川秀忠《ひでただ》の娘和子《まさこ》が中宮《ちゅうぐう》として立后《りっこう》したが、次の霊元《れいげん》天皇には鷹司教平《のりひら》の娘房子《ふさこ》が中宮となって、摂関家出身の正式な后妃《こうひ》（中宮・皇后）が復活する。以降、天皇の后妃には五摂家か皇族の娘が女御として入内《じゅだい》することが慣例化し、近衛家は桜町《さくらまち》天皇、一条家は後桜町《ごさくらまち》天皇、一条家は後桃園《ごももぞの》天皇の外戚になったのである。

しかも、血縁的にも摂関家と天皇は近い関係になっていく。一条家では、慶長一六年七月、内基《うちもと》が没すると、後陽成《ごようぜい》天皇の皇子昭良《あきよし》親王が跡を継いで兼遐《かねとお》と名乗った。近衛家でも、慶長一九年一一月、信尹が没すると、同じく後陽成の皇子信尋《のぶひろ》が跡を継いだ（ともに母親は前子）。そして、鷹司家でも、寛保《かんぽう》三年（一七四三）一〇月、閑院宮直仁《かんいんのみやなおひと》親王の皇子が家督相続して輔平《すけひら》となった（光格《こうかく》天皇の叔父にあたる）。つまり、五摂家のうち三家は皇族出身になった。平安時代、摂関は臣下を超越した特別な存在であったが、ここに至って再び摂関家は天皇家に近づき、単なる臣下ではなくなったのである。

このように摂関家が特別な存在となった背景には、徳川幕府の対朝廷政策もあった。徳川幕府の成立後も、初期には前代からの延長で、朝廷の意志決定には摂関家が関与しないことが多かった。だが、慶長一五年、後陽成天皇が譲位を望んだ際、幕府は摂関家に対し天皇に意見するよう求め、摂関家を通して譲位を撤回に追い込んだ（藤井一九九三）。このことがあって以降、幕府は摂関家を重視して、朝廷政務を関白に統括させ、関白は幕府の意向に従って政務を執り行うようになった。幕府は朝廷の機構を再編して、摂関家を朝廷監視・統制の要として位置づけなおしたのである（藤田一九九四）。さらに、将軍家の正妻も三代将軍家光以降、摂関家から迎えられたので、将軍家は摂関家を介して天皇家と結びつき、朝幕間は一体的な関係が構築された。

なお、かつて白河院は内裏に入れない自身の代わりとして摂関を利用し、摂関は院の指示を受けて内裏内の天皇を後見・補佐する存在となったが、こうして見てくると、近世の摂関と幕府の関係は、これに似ているようにも思われる。室町時代には、幕府は京都にあったため、足利義満・義持に典型的なように、将軍は自ら朝廷に出仕して天皇を支えることができたので、自身の代理人を必要としなかった。しかし、徳川幕府は拠点を京都から遠く離れた江戸に置き、武家と貴族を切り離したため、将軍は直接天皇を支えることができなくなった。ここに摂関は院政期と同様に、再び政権主導者の代理人として、天皇のそばに近侍し、それを後見・補佐する役割を担うことになったといえるだろう。

それはともかく、このように摂関家は幕府・天皇と密着し、両者を橋渡しする存在として朝廷のなかに位置づけられた。摂関は慶応三年（一八六七）一二月九日の王政復古の大号令によって将軍とともに廃止されたが、五摂家は明治一七年（一八八四）の華族令で華族最上位の公爵《こうしゃく》の地位を与えられた。そして、近代の天皇も、昭和天皇の皇后良子《ながこ》は皇族出身であったが、明治天皇の皇后美子《はるこ》は一条家出身、大正天皇の皇后節子《さだこ》は九条家出身で、実は九条家は昭和天皇の外戚にもなった。華族は「皇室の藩屏《はんぺい》」とされたが、そのなかにあっても摂関家は天皇と深く結び、特別な存在であることを維持し続けたのである。

摂政・関白一覧（古代・中世）

摂政	関白	天皇	補任	解任
藤原良房		清和	天安二(八五八)八・二七	貞観一四(八七二)九・二
藤原基経		清和・陽成	貞観一八(八七六)一一・二九	元慶八(八八四)二・四
	藤原基経	宇多	仁和三(八八七)一一・二一	寛平二(八九〇)一二・一四
藤原忠平		朱雀	延長八(九三〇)九・二二	天慶四(九四一)一一・八
	藤原忠平	朱雀・村上	天慶四(九四一)一一・八	天暦三(九四九)八・一四
	藤原実頼	冷泉	康保四(九六七)六・二二	安和二(九六九)八・一三
藤原実頼		円融	安和二(九六九)八・一三	天禄元(九七〇)五・一八
藤原伊尹		円融	天禄元(九七〇)五・二〇	天禄三(九七二)一〇・二三
	藤原兼通	円融	天延二(九七四)三・二六	貞元二(九七七)一〇・一一
	藤原頼忠	円融・花山	貞元二(九七七)一〇・一一	寛和二(九八六)六・二三
藤原兼家		一条	寛和二(九八六)六・二三	永祚二(九九〇)五・五
	藤原兼家	一条	永祚二(九九〇)五・五	永祚二(九九〇)五・八
	藤原道隆	一条	永祚二(九九〇)五・八	永祚二(九九〇)五・二六
藤原道隆		一条	永祚二(九九〇)五・二六	正暦四(九九三)四・二二
	藤原道隆	一条	正暦四(九九三)四・二二	長徳元(九九五)四・三
	藤原道兼	一条	長徳元(九九五)四・二七	長徳元(九九五)五・八
藤原道長		後一条	長和五(一〇一六)一・二九	長和六(一〇一七)三・一六
藤原頼通		後一条	長和六(一〇一七)三・一六	寛仁三(一〇一九)一二・二二
	藤原頼通	後一条・後朱雀・後冷泉	寛仁三(一〇一九)一二・二二	治暦三(一〇六七)一二・五

	藤原教通	後冷泉・後三条・白河	治暦四(一〇六八)	四・一七	承保二(一〇七五)	九・二五
	藤原師実	白河	承保二(一〇七五)	一〇・一五	応徳三(一〇八六)	一一・二六
藤原師実		堀河	応徳三(一〇八六)	一一・二六	寛治四(一〇九〇)	一二・二〇
	藤原師実	堀河	寛治四(一〇九〇)	一二・二〇	寛治八(一〇九四)	三・九
	藤原師通	堀河	寛治八(一〇九四)	三・九	承徳三(一〇九九)	六・二八
	藤原忠実	堀河	長治二(一一〇五)	一二・二五	嘉承二(一一〇七)	七・一九
藤原忠実		鳥羽	嘉承二(一一〇七)	七・一九	永久元(一一一三)	一二・二六
	藤原忠実	鳥羽	永久元(一一一三)	一二・二六	保安二(一一二一)	一・二二
	藤原忠通	鳥羽	保安二(一一二一)	三・五	保安四(一一二三)	一・二八
藤原忠通		崇徳	保安四(一一二三)	一・二八	大治四(一一二九)	七・一
	藤原忠通	崇徳	大治四(一一二九)	七・一	永治元(一一四一)	一二・七
藤原忠通		近衛	永治元(一一四一)	一二・七	久安六(一一五〇)	一二・九
	藤原忠通	近衛・後白河	久安六(一一五〇)	一二・九	保元三(一一五八)	八・一一
	藤原基実	後白河・二条	保元三(一一五八)	八・一一	永万元(一一六五)	六・二五
藤原基実		六条	永万元(一一六五)	六・二五	永万二(一一六六)	七・二六
松殿基房		六条・高倉	永万二(一一六六)	七・二七	承安二(一一七二)	一二・二七
	松殿基房	高倉	承安二(一一七二)	一二・二七	治承三(一一七九)	一一・一五
	近衛基通	高倉	治承三(一一七九)	一一・一五	治承四(一一八〇)	二・二一
近衛基通		安徳・後鳥羽	治承四(一一八〇)	二・二一	寿永二(一一八三)	一一・二一
松殿師家		後鳥羽	寿永二(一一八三)	一一・二一	寿永三(一一八四)	一・二二
近衛基通		後鳥羽	寿永三(一一八四)	一・二二	文治二(一一八六)	三・一二
九条兼実		後鳥羽	文治二(一一八六)	三・一二	建久二(一一九一)	一二・一七

	九条兼実	後鳥羽	建久二(一一九一)	一二・一七	建久七(一一九六)	一一・二五
	近衛基通	後鳥羽	建久七(一一九六)	一一・二五	建久九(一一九八)	一・一一
近衛基通		土御門	建久九(一一九八)	一・一一	建仁二(一二〇二)	一二・二五
九条良経		土御門	建仁二(一二〇二)	一二・二五	元久三(一二〇六)	三・七
近衛家実		土御門	元久三(一二〇六)	三・一〇	建永元(一二〇六)	一二・八
	近衛家実	土御門・順徳	建永元(一二〇六)	一二・八	承久三(一二二一)	四・二〇
九条道家		仲恭	承久三(一二二一)	四・二〇	承久三(一二二一)	七・八
近衛家実		後堀河	承久三(一二二一)	七・八	貞応二(一二二三)	一二・一四
	近衛家実	後堀河	貞応二(一二二三)	一二・一四	安貞二(一二二八)	一二・二四
	九条道家	後堀河	安貞二(一二二八)	一二・二四	寛喜三(一二三一)	七・五
	九条教実	後堀河	寛喜三(一二三一)	七・五	貞永元(一二三二)	一〇・四
九条教実		四条	貞永元(一二三二)	一〇・四	文暦二(一二三五)	三・二八
九条道家		四条	文暦二(一二三五)	三・二八	嘉禎三(一二三七)	三・一〇
近衛兼経		四条	嘉禎三(一二三七)	三・一〇	仁治三(一二四二)	一・九
	近衛兼経	後嵯峨	仁治三(一二四二)	一・二〇	仁治三(一二四二)	三・二五
	二条良実	後嵯峨	仁治三(一二四二)	三・二五	寛元四(一二四六)	一・二八
	一条実経	後嵯峨	寛元四(一二四六)	一・二八	寛元四(一二四六)	一・二九
一条実経		後深草	寛元四(一二四六)	一・二九	寛元五(一二四七)	一・一九
近衛兼経		後深草	寛元五(一二四七)	一・一九	建長四(一二五二)	一〇・三
鷹司兼平		後深草	建長四(一二五二)	一〇・三	建長六(一二五四)	一二・二
	鷹司兼平	後深草・亀山	建長六(一二五四)	一二・二	弘長元(一二六一)	四・二九
	二条良実	亀山	弘長元(一二六一)	四・二九	文永二(一二六五)	閏四・一八

	一条実経	亀山	文永二(一二六五)	閏四・一八	文永四(一二六七)	一二・九
	近衛基平	亀山	文永四(一二六七)	一二・九	文永五(一二六八)	一一・一九
	鷹司基忠	亀山	文永五(一二六八)	一二・一〇	文永一〇(一二七三)	五・五
	九条忠家	亀山	文永一〇(一二七三)	五・五	文永一一(一二七四)	一・二六
九条忠家		後宇多	文永一一(一二七四)	一・二六	文永一一(一二七四)	六・二〇
一条家経		後宇多	文永一一(一二七四)	六・二〇	建治元(一二七五)	一〇・二一
鷹司兼平		後宇多	建治元(一二七五)	一〇・二一	弘安元(一二七八)	一二・七
	鷹司兼平	後宇多	弘安元(一二七八)	一二・七	弘安一〇(一二八七)	八・一一
	二条師忠	後宇多・伏見	弘安一〇(一二八七)	八・一一	正応二(一二八九)	四・一三
	近衛家基	伏見	正応二(一二八九)	四・一三	正応四(一二九一)	五・二七
	九条忠教	伏見	正応四(一二九一)	五・二七	正応六(一二九三)	二・二五
	近衛家基	伏見	正応六(一二九三)	二・二五	永仁四(一二九六)	六・一九
	鷹司兼忠	伏見	永仁四(一二九六)	七・二四	永仁六(一二九八)	七・二二
鷹司兼忠		後伏見	永仁六(一二九八)	七・二二	永仁六(一二九八)	一二・二〇
二条兼基		後伏見	永仁六(一二九八)	一二・二〇	正安二(一三〇〇)	一二・一六
	二条兼基	後伏見・後二条	正安二(一三〇〇)	一二・一六	嘉元三(一三〇五)	四・一二
	九条師教	後二条	嘉元三(一三〇五)	四・一二	徳治三(一三〇八)	八・二五
九条師教		花園	徳治三(一三〇八)	八・二六	延慶元(一三〇八)	一一・一〇
鷹司冬平		花園	延慶元(一三〇八)	一一・一〇	延慶四(一三一一)	三・一五
	鷹司冬平	花園	延慶四(一三一一)	三・一五	正和二(一三一三)	七・一二
	近衛家平	花園	正和二(一三一三)	七・一二	正和四(一三一五)	九・二一
	鷹司冬平	花園	正和四(一三一五)	九・二二	正和五(一三一六)	八・二三

	二条道平	花園・後醍醐	正和五(一三一六)	八・二三	文保二(一三一八)	一二・二九
	一条内経	後醍醐	文保二(一三一八)	一二・二九	元亨三(一三二三)	三・二九
	九条房実	後醍醐	元亨三(一三二三)	三・二九	正中元(一三二四)	一二・二七
	鷹司冬平	後醍醐	正中元(一三二四)	一二・二七	嘉暦二(一三二七)	一・一九
	二条道平	後醍醐	嘉暦二(一三二七)	二・一二	元徳二(一三三〇)	一・二六
	近衛経忠	後醍醐	元徳二(一三三〇)	一・二六	元徳二(一三三〇)	八・二五
	鷹司冬教	後醍醐・光厳	元徳二(一三三〇)	八・二五	正慶二(一三三三)	五・一七
	近衛経忠	光明	建武三(一三三六)	八・一五	建武四(一三三七)	四・一六
	近衛基嗣	光明	建武四(一三三七)	四・一六	建武五(一三三八)	五・一九
	一条経通	光明	建武五(一三三八)	五・一九	暦応五(一三四二)	一・二六
	九条道教	光明	暦応五(一三四二)	一・二七	康永元(一三四二)	一一・一二
	鷹司師平	光明	康永元(一三四二)	一一・一八	貞和二(一三四六)	二・二九
	二条良基	光明・崇光・後光厳	貞和二(一三四六)	二・二九	延文三(一三五八)	一二・二九
	九条経教	後光厳	延文三(一三五八)	一二・二九	康安元(一三六一)	一一・九
	近衛道嗣	後光厳	康安元(一三六一)	一一・九	貞治二(一三六三)	六・一六
	二条良基	後光厳	貞治二(一三六三)	六・二七	貞治六(一三六七)	八・二七
	鷹司冬通	後光厳	貞治六(一三六七)	八・二七	応安二(一三六九)	一一・四
	二条師良	後光厳・後円融	応安二(一三六九)	一一・四	永和元(一三七五)	一二・二七
	九条忠基	後円融	永和元(一三七五)	一二・二七	康暦元(一三七九)	八・二二
	二条師嗣	後円融	康暦元(一三七九)	八・二五	永徳二(一三八二)	四・一一
二条良基		後小松	永徳二(一三八二)	四・一一	至徳四(一三八七)	二・七
近衛兼嗣		後小松	至徳四(一三八七)	二・七	嘉慶二(一三八八)	三・二六

二条良基		後小松	嘉慶二(一三八八)	四・八	嘉慶二(一三八八)	六・一二
	二条師嗣	後小松	嘉慶二(一三八八)	六・一二	応永元(一三九四)	一一・六
	一条経嗣	後小松	応永元(一三九四)	一一・六	応永五(一三九八)	三・九
	二条師嗣	後小松	応永五(一三九八)	三・九	応永六(一三九九)	四・一七
	一条経嗣	後小松	応永六(一三九九)	四・一九	応永一五(一四〇八)	四・二〇
	近衛忠嗣	後小松	応永一五(一四〇八)	四・二〇	応永一六(一四〇九)	二・二一
	二条満基	後小松	応永一六(一四〇九)	三・四	応永一七(一四一〇)	一二・二七
	一条経嗣	後小松・称光	応永一七(一四一〇)	一二・三〇	応永二五(一四一八)	一一・一七
	九条満教	称光	応永二五(一四一八)	一二・二	応永三一(一四二四)	四・二〇
	二条持基	称光	応永三一(一四二四)	四・二〇	正長元(一四二八)	七・二〇
二条持基		後花園	正長元(一四二八)	七・二八	永享四(一四三二)	八・一三
一条兼良		後花園	永享四(一四三二)	八・一三	永享四(一四三二)	一〇・二六
二条持基		後花園	永享四(一四三二)	一〇・二六	永享五(一四三三)	三・二三
	二条持基	後花園	永享五(一四三三)	三・二三	文安二(一四四五)	一一・三
	近衛房嗣	後花園	文安二(一四四五)	一一・一三	文安四(一四四七)	六・一五
	一条兼良	後花園	文安四(一四四七)	六・一五	享徳二(一四五三)	三・二八
	二条持通	後花園	享徳二(一四五三)	四・二八	享徳三(一四五四)	六・三〇
	鷹司房平	後花園	享徳三(一四五四)	七・一	享徳四(一四五五)	六・二
	二条持通	後花園	享徳四(一四五五)	六・五	長禄二(一四五八)	一二・?
	一条教房	後花園	長禄二(一四五八)	一二・五	寛正四(一四六三)	四・?
	二条持通	後花園・後土御門	寛正四(一四六三)	四・三	応仁元(一四六七)	五・九
	一条兼良	後土御門	応仁元(一四六七)	五・九	文明二(一四七〇)	七・一九

二条政嗣	後土御門	文明二(一四七〇) 八・一〇	文明八(一四七六) 五・一三
九条政基	後土御門	文明八(一四七六) 五・一五	文明一一(一四七九) 二・二七
近衛政家	後土御門	文明一一(一四七九) 二・三〇	文明一五(一四八三) 二・二四
鷹司政平	後土御門	文明一五(一四八三) 二・二五	文明一九(一四八七) 二・九
九条政忠	後土御門	文明一九(一四八七) 二・九	長享二(一四八八) 八・二三
一条冬良	後土御門	長享二(一四八八) 八・二八	明応二(一四九三) 三・二八
近衛尚通	後土御門	明応二(一四九三) 三・二八	明応六(一四九七) 六・七
二条尚基	後土御門	明応六(一四九七) 六・一八	明応六(一四九七) 一〇・一〇
一条冬良	後土御門・後柏原	明応六(一四九七) 一〇・二三	文亀元(一五〇一) 六・二七
九条尚経	後柏原	文亀元(一五〇一) 六・二九	永正一〇(一五一三) 一〇・五
近衛尚通	後柏原	永正一〇(一五一三) 一〇・七	永正一一(一五一四) 八・二四
鷹司兼輔	後柏原	永正一一(一五一四) 八・二九	永正一五(一五一八) 三・二七
二条尹房	後柏原	永正一五(一五一八) 三・三〇	大永五(一五二五) 四・四
近衛稙家	後柏原・後奈良	大永五(一五二五) 四・五	天文二(一五三三) 二・五
九条稙通	後奈良	天文二(一五三三) 二・五	天文三(一五三四) 一一・二一
二条尹房	後奈良	天文三(一五三四) 一二・一四	天文五(一五三六) 閏一〇・二一
近衛稙家	後奈良	天文五(一五三六) 一一・一	天文一一(一五四二) 二・二五
鷹司忠冬	後奈良	天文一一(一五四二) 三・二六	天文一四(一五四五) 六・二
一条房通	後奈良	天文一四(一五四五) 六・二	天文一七(一五四八) 一二・二七
二条晴良	後奈良	天文一七(一五四八) 一二・二七	天文二二(一五五三) 一・二〇
一条兼冬	後奈良	天文二二(一五五三) 一・二二	天文二三(一五五四) 二・一
近衛前久	後奈良・正親町	天文二三(一五五四) 三・二	永禄一一(一五六八) 一一・一六

二条晴良	正親町	永禄一一(一五六八)　一二・一六	天正六(一五七八)　四・四
九条兼孝	正親町	天正六(一五七八)　一二・一三	天正九(一五八一)　四・二九
一条内基	正親町	天正九(一五八一)　四・二九	天正一二(一五八四)　一二・?
二条昭実	正親町	天正一三(一五八五)　二・一二	天正一三(一五八五)　七・一一
豊臣秀吉	正親町・後陽成	天正一三(一五八五)　七・一一	天正一九(一五八五)　一二・二八
豊臣秀次	正親町	天正一九(一五八五)　一二・二八	文禄四(一五九五)　七・八

『角川新版日本史事典』付録「摂政・関白表」をもとに、荒川玲子ら編『新摂関家伝』(続群書類従完成会)により補訂して作成

1　藤原氏北家主流

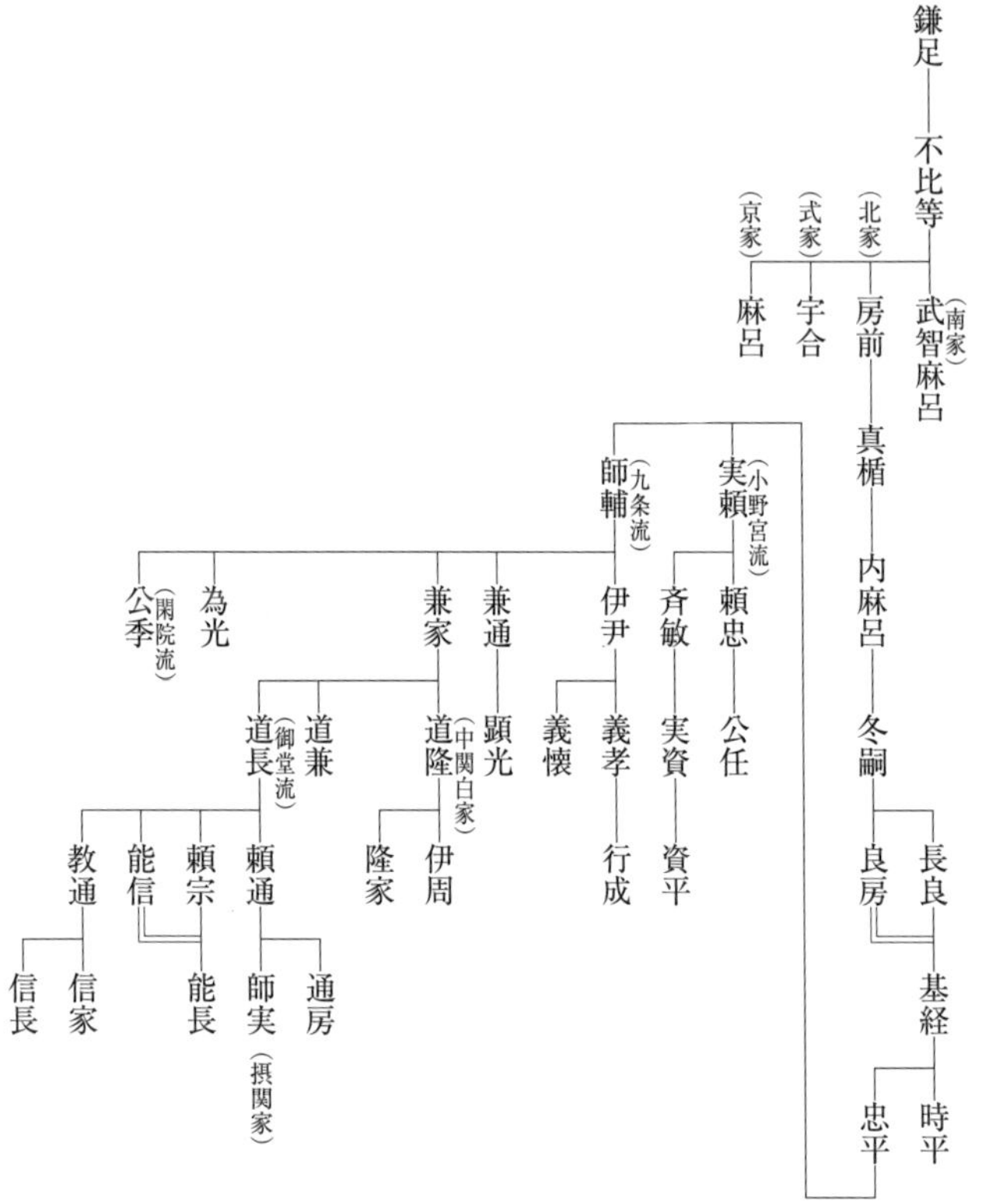

鎌足
不比等
（南家）武智麻呂
（北家）房前
（式家）宇合
（京家）麻呂
真楯
内麻呂
冬嗣
長良
良房
基経
時平
忠平
（小野宮流）実頼
（九条流）師輔
頼忠
公任
斉敏
実資
資平
伊尹
義孝
行成
義懐
兼通
顕光
兼家
（中関白家）道隆
伊周
隆家
道兼
（御堂流）道長
頼通
通房
師実（摂関家）
頼宗
能信
能長
教通
信家
信長
為光
（閑院流）公季

2 摂関家（五摂家分立以前）

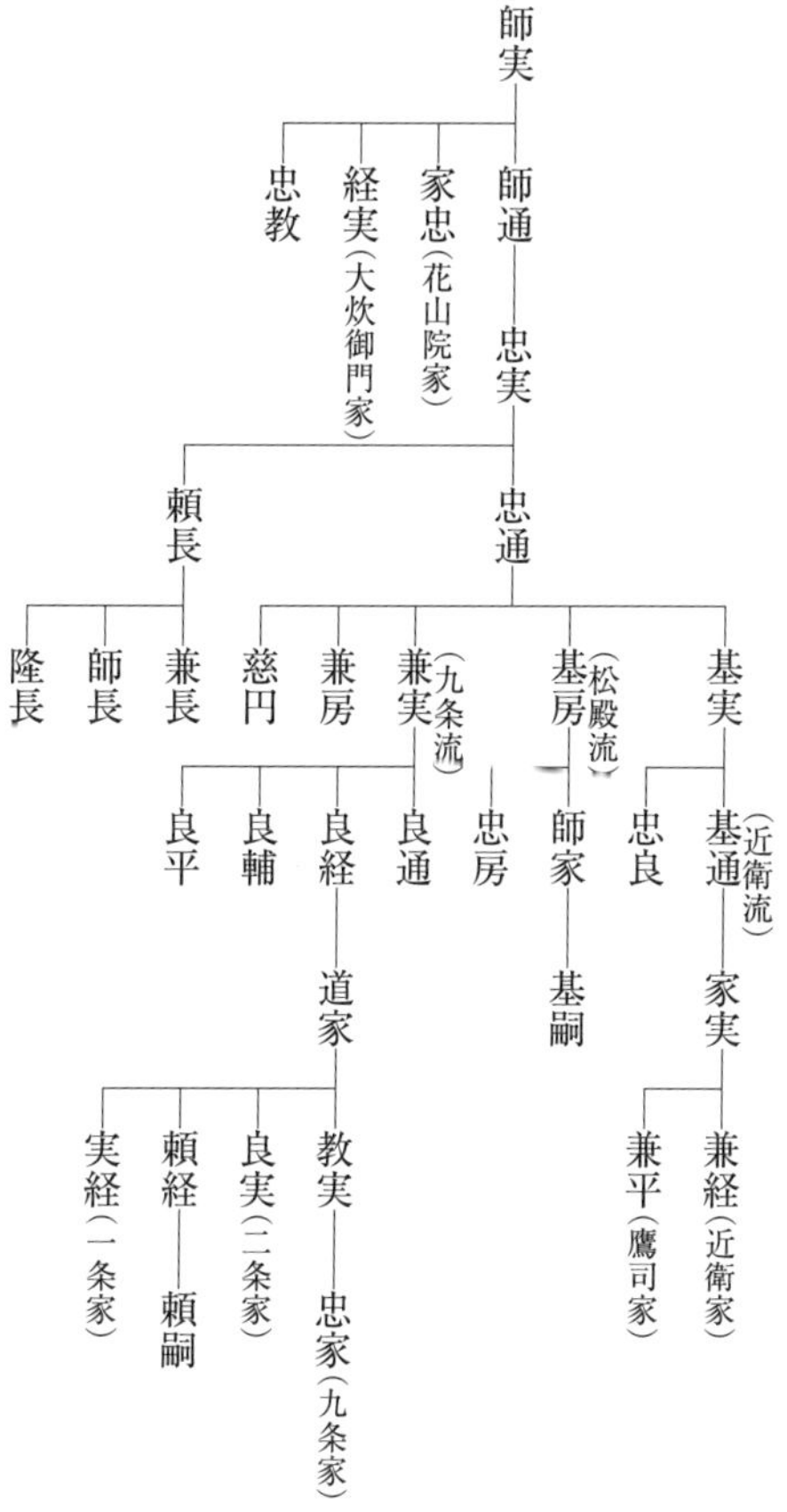

3　近衛家

兼経—基平—家基
- 家基の子
  - 家平—経忠—経家
  - 経平—基嗣—道嗣—兼嗣—忠嗣—房嗣—政家—尚通—稙家—前久（前嗣）
    - 前久の子
      - 信尹（信輔）＝信尋
      - 前子

4　鷹司家

兼平
- 基忠
  - 冬平—師平—冬通—冬家—房平—政平—兼輔—忠冬＝信房
  - 冬教
- 兼忠
  - 冬経（猪隈）
  - 基教

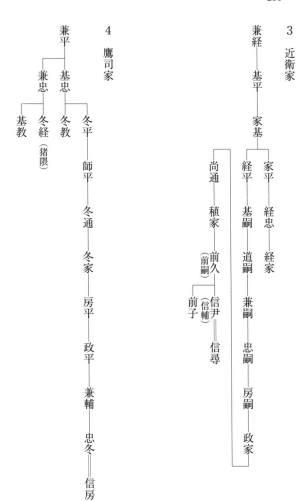

5 九条家

- 忠家
  - 忠教
    - 師教
      - 道教＝経教
        - 忠基
        - 教嗣
        - 満家（満教）
          - 加々丸
            - 政忠（成家）
          - 政基
            - 尚経
              - 稙通＝兼孝
        - 経覚
    - 房実

6 二条家

- 良実
  - 道良
  - 師忠
  - 兼基
    - 道平
      - 良基
        - 師良
        - 師嗣
          - 満基
          - 持基
            - 持通
              - 政嗣
                - 尚基
                  - 尹房
                    - 晴良
                      - 兼孝（九条）
                      - 昭実
                      - 信房（鷹司）
        - 経嗣（一条）
      - 良忠
      - 経教（九条）
    - 師基

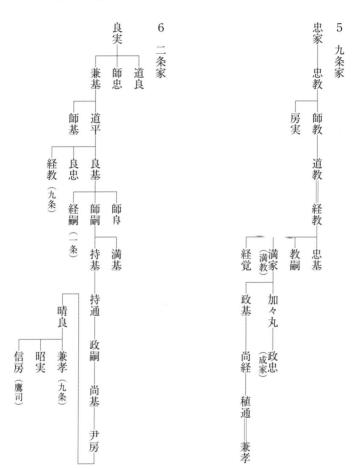

7　一条家

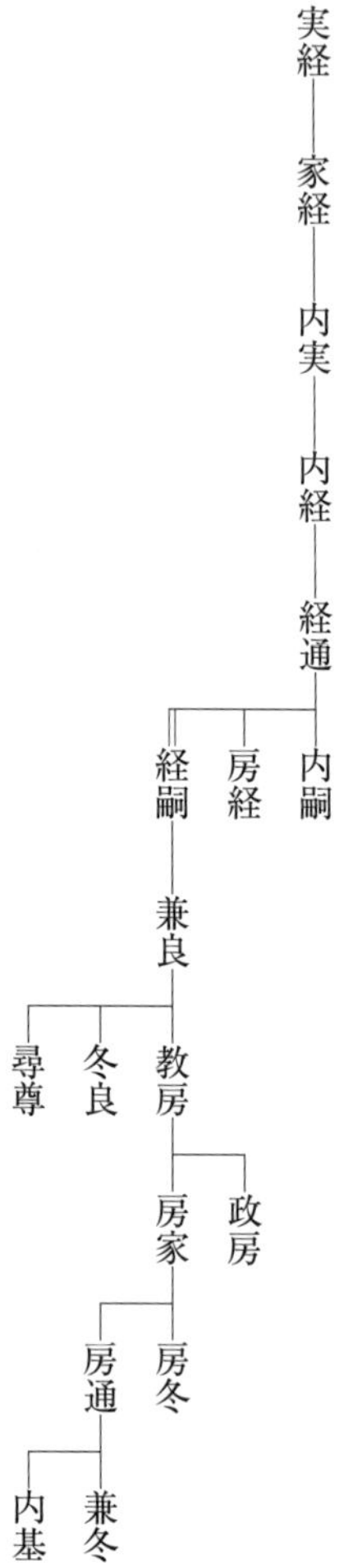
実経
家経
内実
内経
経通
内嗣
房経
経嗣
兼良
教房
冬良
尋尊
政房
房家
房冬
房通
兼冬
内基

8 天皇家

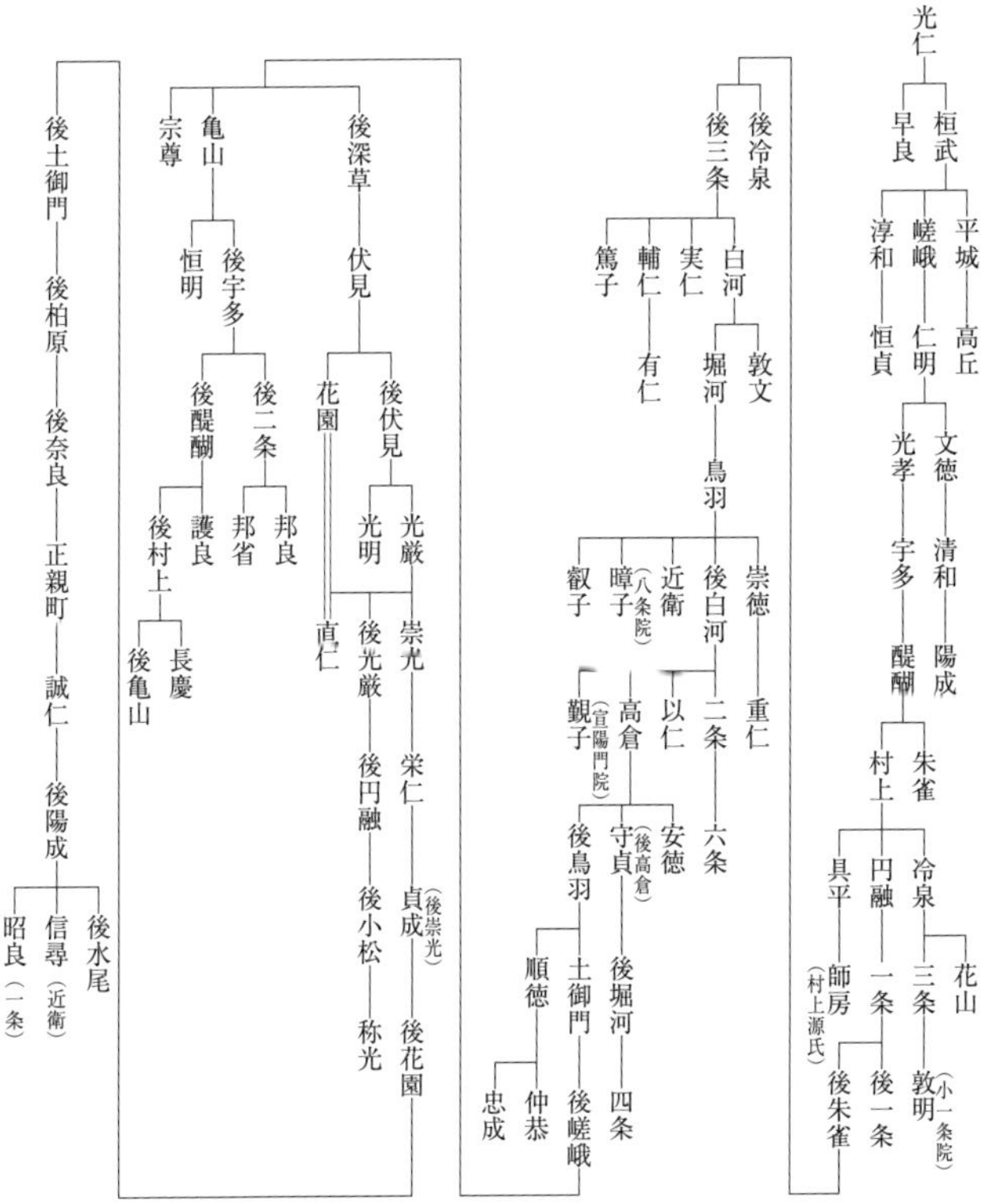

光仁
桓武
早良
平城
嵯峨
淳和
高丘
仁明
恒貞
文徳
光孝
清和
宇多
陽成
醍醐
朱雀
村上
冷泉
円融
具平
花山
三条
一条
師房（村上源氏）
敦明（小一条院）
後一条
後朱雀
後冷泉
後三条
白河
実仁
輔仁
篤子
敦文
堀河
有仁
鳥羽
崇徳
後白河
近衛
暲子（八条院）
叡子
重仁
二条
以仁
高倉
覲子（宣陽門院）
六条
安徳
守貞（後高倉）
後鳥羽
四条
後堀河
土御門
順徳
後嵯峨
仲恭
忠成
後深草
亀山
宗尊
伏見
後宇多
恒明
後伏見
花園
後二条
後醍醐
光厳
光明
邦良
邦省
護良
後村上
崇光
直仁
後光厳
長慶
後亀山
栄仁
後円融
貞成（後崇光）
後小松
後花園
称光
後土御門
後柏原
後奈良
正親町
誠仁
後陽成
後水尾
信尋（近衛）
昭良（一条）

あとがき

摂関家の歴史について述べるとき、「摂関」に重きを置くか、「家」に重きを置くかで、その見え方はかなり異なったものとなる。これまで一般に入手できる歴史書は、高校の教科書を含め、「摂関」より「家」に重きを置き、これを貴族の一族の一つとして捉え、その発生と展開についても、鎌足を起点に藤原氏一族の成長と発展の過程として描くものが多かったように思う。鎌足以来、藤原氏が天皇との姻戚関係を構築したり、他氏を排斥するなどして権力を拡大した、その達成として天皇の権能を代行、補佐する摂関が誕生すると説かれてきたのである。

これに対して、本書は「摂関」という部分を重視して、摂関家の歴史をながめた。これは本書を一読された方ならわかると思うが、本書では、摂関について、これを単なる一貴族ではなく、天皇を中心とする王権を構成する存在として捉えた。したがって、本書ではこれについて、鎌足からの藤原氏の歴史ではなく、皇位継承や王権構造のあり方から説き起こし、その延長として、摂関家の展開を考えたのである。

もっとも、藤原氏については、近年話題となった倉本一宏氏の『藤原氏―権力中枢の一族―』（中央公論新社、二〇一七年）をはじめ、一般書も数多く刊行されているのに対し、摂関家については、今のところ、これだけを専門的に扱った概説書のようなものは、本書のほかに見当たらない。そこで、本書では、右のような筆者独自の見方を基調としつつも、初学者のための入門書・概説書となることも意識して、基本的なテーマについては、できる限り盛り込むようにつとめた。

だが、基本的なテーマといっても、全て盛り込もうとすると、本書の分量には収まりきらず、重要なテーマながら、積み残してしまったものも少なくない。たとえば、宇治は頼通以来、平等院をはじめとする寺院や別業《べつぎょう》（別荘）が建立され、木幡《こはた》や岡屋などの周辺地域とともに、近世初頭まで代々の摂関家の拠点として継承された、摂関家と切り離せない地域であるが、本書ではほとんどふれることができなかった。また、興福寺も、藤氏《とうし》長者《ちょうじゃ》の支配についてふれたのみで、代々摂関家の子弟が出家して入室する一乗院・大乗院の門跡などにふれられなかったのは、痛恨の極みである。このほか、賀茂詣をはじめとする摂関家の年中行事についても余裕があればまとめたかった。今後、こうした積み残しも含め、改めて摂関家の歴史とじっくり向かい合える機会ができればと考える。

筆者は卒業論文以来、二〇年以上、摂関家を中心に日本の古代から中世にかけての貴族社会・貴族政権について研究を続け、これまでに三冊の単著を刊行してきた。だが、これまでの研究は、中世摂関家の研究と言いつつも、実際は院政期を中心としたピンポイントのものだったので、平安前期から近世初期までのスパンで摂関家の歴史について考えたのは、初めての経験であった。本書はこれまでの研究の集大成であるとともに、一つの起点にもなったような気がする。本書刊行の機会をいただいた吉川弘文館編集部と、編集を担当いただいた岡庭由佳氏・高尾すずこ氏に厚くお礼申し上げたい。また、校正に当たっては、龍谷大学大学院文学研究科修士課程の荒木洋太朗君・宮崎緑君に下読みを引き受けてもらった。あわせて感謝申し上げる次第である。

末筆ながら、本書は二〇一九年末から本格的に執筆しはじめ、原稿が一通り完成したのは、二〇二〇年八月のことであった。この間、世間では新型コロナウイルス感染症が猛威を振るい、日常は大きく変わってしまった。四月初めには緊急事態宣言が出るというので、前日に慌てて関係する論文や図書を大学の研究室から取り出しに行ったことや、「ステイホーム」のために時間があり、予定より早く書きすぎて、手もとに参考文献がなくなってしまい、緊急事態宣言が明けると、いの一番に大学図書館に本を借り出しに行ったことは、今後も本書を見るたびに思い出されるに違いない。二〇二〇年末になって欧米でワクチン接種が開始されるなど、出口もわずかながら見えはじめてはいるが、世界での感染者数・死者数の増加は止まず、大学の授業も大人数のものはなおオンラインで行われるなど、日本でもいまだに非常時が続いている。早期の事態収束を祈り、結びとしたい。

二〇二〇年一二月

樋口健太郎

参考文献

池　享『戦国・織豊期の武家と天皇』校倉書房、二〇〇三年

石原比伊呂「准摂関家としての足利将軍家—義持と大嘗会との関わりから—」（『史学雑誌』一一五編二号、二〇〇六年）

石原比伊呂「室町時代の将軍と摂関家—足利義持と一条経嗣を中心に—」（『ヒストリア』二〇九号、二〇〇八年）

石原比伊呂「近衛政家の台頭」（『聖心女子大学論叢』一三一号、二〇一八年）

市沢　哲『日本中世公家政治の研究』校倉書房、二〇一一年

伊藤喜良『東国の南北朝動乱—北畠親房と国人—』吉川弘文館、二〇〇一年

井上幸治「承久の乱後の京都と近衛家実—九条道家政権復帰の前提—」（『年報中世史研究』三九号、二〇一四年）

海上貴彦「大殿の政務参加—藤原道長・師実を事例として—」（『古代文化』七〇巻二号、二〇一八年）

海上貴彦「鎌倉期における大殿の政務参加—摂関家の政治的転換点をめぐって—」（『日本史研究』六九二号、二〇二〇年A）

海上貴彦「藤原頼通の関白辞任—『古事談』説話の検討から—」（『日本歴史』八六六号、二〇二〇年B）

上横手雅敬『鎌倉時代政治史研究』吉川弘文館、一九九一年
遠藤基郎「院政の成立と王権」（『日本史講座』第3巻・中世の形成、東京大学出版会、二〇〇四年）
遠藤基郎「天皇作法をめぐる確執と協調」（同編『生活と文化の歴史学2年中行事・神事・仏事』竹林舎、二〇一三年）
小川剛生『二条良基研究』笠間書院、二〇〇五年
小川剛生『足利義満―公武に君臨した室町将軍―』中央公論新社、二〇一二年
小川剛生『二条良基』吉川弘文館、二〇二〇年
岡野友彦『中世久我家と久我家領荘園』續群書類従完成會、二〇〇二年
片山正彦『豊臣政権の東国政策と徳川氏』思文閣出版、二〇一七年
金井静香『中世公家領の研究』思文閣出版、一九九九年
金澤正大「二条摂関家の成立と幕府」（『政治経済史学』二一五号、一九八四年）
上川通夫『日本中世仏教形成史論』校倉書房、二〇〇七年
川端　新『荘園制成立史の研究』思文閣出版、二〇〇〇年
神田裕理『朝廷の戦国時代―武家と公家の駆け引き―』吉川弘文館、二〇一九年
倉本一宏『一条天皇』吉川弘文館、二〇〇三年A
倉本一宏「藤原兼通の政権獲得過程」（笹山晴生編『日本律令制の展開』吉川弘文館、二〇〇三年B）
栗山圭子「日本中世における「母」―安徳天皇を事例に―」（『女性学評論』三二号、二〇一八年）
河内祥輔『日本中世の朝廷・幕府体制』吉川弘文館、二〇〇七年

河内祥輔『頼朝がひらいた中世―鎌倉幕府はこうして誕生した―』筑摩書房、二〇一三年
近衛通隆「近衛前久の関東下向」(『日本歴史』三九一号、一九八〇年)
五味文彦『院政期社会の研究』山川出版社、一九八四年
近藤成一『鎌倉幕府と朝廷』岩波書店、二〇一六年
佐伯智広「鳥羽院政期の公卿議定」(『古代文化』六八巻一号、二〇一六年)
佐伯智広「摂関家領と王家の長」(『日本歴史』八六四号、二〇二〇年)
酒井紀美『経覚』吉川弘文館、二〇二〇年
坂本賞三『藤原頼通の時代―摂関政治から院政へ―』平凡社、一九九一年
櫻井陽子「頼朝の征夷大将軍任官をめぐって―『三槐荒涼抜書要』の翻刻と紹介―」(『明月記研究』九号、二〇〇四年)
佐々木恵介『天皇と摂政・関白』講談社、二〇一一年
佐々木宗雄『平安時代国制史研究』校倉書房、二〇〇一年
佐藤健治『中世権門の成立と家政』吉川弘文館、二〇〇〇年
佐藤健治「藤原師実・師通―両殿下制の挫折―」(元木泰雄編『王朝の変容と武者(古代の人物第6巻)』清文堂書店、二〇〇五年)
佐藤進一『日本の中世国家』岩波書店、一九八三年
三田武繁『鎌倉幕府体制成立史の研究』吉川弘文館、二〇〇七年
三田武繁「家格の秩序と二条家」(『東海大学紀要・文学部』一〇九号、二〇一九年)

柴田房子「家司受領」(『史窓』二八号、一九七〇年)
東海林亜矢子『平安時代の后と王権』吉川弘文館、二〇一八年
末松　剛『平安宮廷の儀礼文化』吉川弘文館、二〇一〇年
鈴木　満「南朝関白考」(『秋大史学』六〇号、二〇一四年)
曽我部愛「後高倉王家の政治的位置—後堀河親政期における北白河院の動向を中心に—」(『ヒストリア』二一七号、二〇〇九年)
高木葉子「後深草院政の成立過程—関白鷹司兼平・太政大臣鷹司基忠の離任とその帰結—(Ⅰ)(Ⅱ)」(『政治経済史学』二六八・二六九号、一九八八年)
高橋一樹「中世荘園の立荘と王家・摂関家」(元木泰雄編『院政の展開と内乱』吉川弘文館、二〇〇二年)
高橋典幸「鎌倉幕府と朝幕関係」(『日本史研究』六九五号、二〇二〇年)
高橋秀樹『日本中世の家と親族』吉川弘文館、一九九六年
高橋昌明『武士の成立　武士像の創出』東京大学出版会、一九九九年
高松百香「九条兼実の興福寺再建—中世摂関家と〈鎌足〉—」(『人民の歴史学』一六二号、二〇〇四年)
高松百香「鎌倉期摂関家と上東門院—〈道長の家〉を演じた九条道家・竴子たち—」(服藤早苗編著『平安朝の女性と政治文化—宮廷・生活・ジェンダー—』明石書店、二〇一七年)
高柳光寿『足利尊氏』春秋社、一九五五年

詫間直樹「天皇元服と摂関制―一条天皇元服を中心として―」（『史学研究』二〇四号、一九九四年）
谷口研語『流浪の戦国貴族　近衛前久―天下統一に翻弄された生涯―』中央公論社、一九九四年
田中文英『平氏政権の研究』思文閣出版、一九九四年
田村　航『一条兼良の学問と室町文化』勉誠出版、二〇一三年
中脇　聖「摂関家の当主自らが土佐国に下向する」（日本史史料研究会監修、神田裕理編『ここまでわかった戦国時代の天皇と公家衆たち』洋泉社、二〇一五年）
橋本政宣『近世公家社会の研究』吉川弘文館、二〇〇二年
橋本義彦『平安貴族社会の研究』吉川弘文館、一九七六年
橋本義彦『平安貴族』平凡社、一九八六年
林屋辰三郎『内乱の中の貴族―南北朝と「園太暦」の世界―』角川書店、一九九一年
樋口健太郎『中世摂関家の家と権力』校倉書房、二〇一一年
樋口健太郎「平氏政権期の摂関と九条兼実」（『紫苑』一四号、二〇一六年）
樋口健太郎『九条兼実―貴族が見た『平家物語』と内乱の時代―』戎光祥出版、二〇一八年A
樋口健太郎『中世王権の形成と摂関家』吉川弘文館、二〇一八年B
樋口健太郎「九条兼実・良経の内覧宣下」（『龍谷大学日本古代史論集』二号、二〇一九年A）
樋口健太郎「鎌倉時代の松殿基房」（『古典と歴史』四号、二〇一九年B）
平山朝治「イエの構造・歴史・哲学」（『東京大学教養学部社会科学紀要』三八輯、一九八九年）
廣田浩治「中世後期の九条家家僕と九条家領荘園―九条政基・尚経期を中心に―」（『国立歴史民俗博物

館研究報告』一〇四集、二〇〇三年）
廣田浩治「『政基公旅引付』（九条政基）―公家の在荘直務と戦国社会―」（元木泰雄・松薗斉編『日記で読む日本中世史』ミネルヴァ書房、二〇一一年）
服藤早苗『家成立史の研究―祖先祭祀・女・子ども―』校倉書房、一九九一年
服藤早苗『平安王朝社会のジェンダー―家・王権・性愛―』校倉書房、二〇〇五年
服藤早苗『藤原彰子』吉川弘文館、二〇一九年
藤井讓治「江戸幕府の成立と天皇」（『講座前近代の天皇2天皇権力の構造と展開　その2』青木書店、一九九三年）
藤田　覚『幕末の天皇』講談社、一九九四年
細谷勘資『中世宮廷儀式書成立史の研究』勉誠出版、二〇〇七年
保立道久『平安王朝』岩波書店、一九九六年
三浦周行『日本史の研究』第一輯上、岩波書店、一九二二年
三好千春「准母立后と女院制からみる白河院政の諸段階」（細川涼一編『生活と文化の歴史学7生・成長・老い・死』竹林舎、二〇一六年）
山本信吉『摂関政治史論考』吉川弘文館、二〇〇三年
松薗　斉『日記の家―中世国家の記録組織―』吉川弘文館、一九九八年
松薗　斉「鎌倉時代の摂関家について―公事師範化の分析―」（鎌倉遺文研究会編『鎌倉遺文研究3鎌倉期社会と史料論』東京堂出版、二〇〇二年）

槇　道雄『院政時代史論集』続群書類従完成会、一九九三年
丸山裕之「中世後期公家家政の変容」（『三田中世史研究』一八号、二〇一一年）
水野智之『室町時代公武関係の研究』吉川弘文館、二〇〇五年
水野智之「室町・戦国期の本願寺と公家勢力」（新行紀一編『戦国期の真宗と一向一揆』吉川弘文館、二〇一〇年）
水野智之「豊臣期の摂関家と武家」（天野忠幸他編『戦国・織豊期の西国社会』日本史史料研究会企画部、二〇一二年）
元木泰雄『院政期政治史研究』思文閣出版、一九九六年
元木泰雄『源満仲・頼光―殺生放逸朝家の守護―』ミネルヴァ書房、二〇〇四年
桃　裕行『上代学制の研究（修訂版）』（『桃裕行著作集1』思文閣出版、一九九四年）
湯川敏治『戦国期公家社会と荘園経済』続群書類従完成会、二〇〇五年
義江彰夫「摂関家領相続の研究序説」（『史学雑誌』七六編四号、一九六七年）
吉川真司『律令官僚制の研究』塙書房、一九九八年

著者紹介

一九七四年、愛知県に生まれる
一九九七年、龍谷大学文学部史学科卒業
二〇〇七年、神戸大学大学院文化学研究科博士課程修了
現在、龍谷大学文学部准教授

〔主要著書〕

『中世摂関家の家と権力』（校倉書房、二〇一一年）
『九条兼実―貴族がみた『平家物語』と内乱の時代―』（戎光祥出版、二〇一八年）
『朔旦冬至部類―影印と翻刻―』（共編、武蔵野書院、二〇一八年）
『中世王権の形成と摂関家』（吉川弘文館、二〇一八年）

歴史文化ライブラリー
521

摂関家の中世
藤原道長から豊臣秀吉まで

二〇二一年（令和三）四月一日　第一刷発行
二〇二一年（令和三）七月一日　第二刷発行

著　者　樋《ひ》口《ぐち》健《けん》太《た》郎《ろう》
発行者　吉川道郎
発行所　株式会社 吉川弘文館
東京都文京区本郷七丁目二番八号
郵便番号一一三―〇〇三三
電話〇三―三八一三―九一五一〈代表〉
振替口座〇〇一〇〇―五―二四四
http://www.yoshikawa-k.co.jp/
印刷＝株式会社 平文社
製本＝ナショナル製本協同組合
装幀＝清水良洋・高橋奈々

ISBN978-4-642-05921-3

歴史文化ライブラリー

1996. 10

刊行のことば

現今の日本および国際社会は、さまざまな面で大変動の時代を迎えておりますが、近づきつつある二十一世紀は人類史の到達点として、物質的な繁栄のみならず文化や自然・社会環境を謳歌できる平和な社会でなければなりません。しかしながら高度成長・技術革新にともなう急激な変貌は「自己本位な刹那主義」の風潮を生みだし、先人が築いてきた歴史や文化に学ぶ余裕もなく、いまだ明るい人類の将来が展望できていないようにも見えます。このような状況を踏まえ、よりよい二十一世紀社会を築くために、人類誕生から現在に至る「人類の遺産・教訓」としてのあらゆる分野の歴史と文化を「歴史文化ライブラリー」として刊行することといたしました。

小社は、安政四年（一八五七）の創業以来、一貫して歴史学を中心とした専門出版社として書籍を刊行しつづけてまいりました。その経験を生かし、学問成果にもとづいた本叢書を刊行し社会的要請に応えて行きたいと考えております。

現代は、マスメディアが発達した高度情報化社会といわれますが、私どもはあくまでも活字を主体とした出版こそ、ものの本質を考える基礎と信じ、本叢書をとおして社会に訴えてまいりたいと思います。これから生まれでる一冊一冊が、それぞれの読者を知的冒険の旅へと誘い、希望に満ちた人類の未来を構築する糧となれば幸いです。

吉川弘文館

歴史文化ライブラリー

中世史

列島を翔ける平安武士 九州・京都・東国 — 野口 実
源氏と坂東武士 — 野口 実
敗者たちの中世争乱 年号から読み解く — 関 幸彦
平氏が語る源平争乱 — 永井 晋
熊谷直実 中世武士の生き方 — 高橋 修
中世武士 畠山重忠 秩父平氏の嫡流 — 清水 亮
頼朝と街道 鎌倉政権の東国支配 — 木村茂光
大道 鎌倉時代の幹線道路 — 岡 陽一郎
仏都鎌倉の一五〇年 — 今井雅晴
鎌倉北条氏の興亡 — 奥富敬之
三浦一族の中世 — 高橋秀樹
伊達一族の中世 「独眼龍」以前 — 伊藤喜良
弓矢と刀剣 中世合戦の実像 — 近藤好和
その後の東国武士団 源平合戦以後 — 関 幸彦
荒ぶるスサノヲ、七変化 〈中世神話〉の世界 — 斎藤英喜
曽我物語の史実と虚構 — 坂井孝一
鎌倉浄土教の先駆者 法然 — 中井真孝
親 鸞 — 平松令三
親鸞と歎異抄 — 今井雅晴
畜生・餓鬼・地獄の中世仏教史 因果応報と悪道 — 生駒哲郎
神や仏に出会う時 中世びとの信仰と絆 — 大喜直彦
神仏と中世人 宗教をめぐるホンネとタテマエ — 衣川 仁
神風の武士像 蒙古合戦の真実 — 関 幸彦
鎌倉幕府の滅亡 — 細川重男
足利尊氏と直義 京の夢、鎌倉の夢 — 峰岸純夫
高 師直 室町新秩序の創造者 — 亀田俊和
新田一族の中世 「武家の棟梁」への道 — 田中大喜
皇位継承の中世史 血統をめぐる政治と内乱 — 佐伯智広
地獄を二度も見た天皇 光厳院 — 飯倉晴武
南朝の真実 忠臣という幻想 — 亀田俊和
中世の巨大地震 — 矢田俊文
大飢饉、室町社会を襲う！ — 清水克行
中世の富と権力 寄進する人びと — 湯浅治久
中世は核家族だったのか 民衆の暮らしと生き方 — 西谷正浩
出雲の中世 地域と国家のはざま — 佐伯徳哉
中世武士の城 — 齋藤慎一
戦国の城の一生 つくる・壊す・蘇る — 竹井英文

歴史文化ライブラリー

徳川家康と武田氏 信玄・勝頼との十四年戦争——本多隆成
戦国大名毛利家の英才教育 元就・隆元・輝元と妻たち——五條小枝子
戦国大名の兵粮事情——久保健一郎
戦乱の中の情報伝達 使者がつなぐ中世京都と在地——酒井紀美
戦国時代の足利将軍——山田康弘
〈武家の王〉足利氏 戦国大名と足利的秩序——谷口雄太
室町将軍の御台所 日野康子・重子・富子——田端泰子
名前と権力の中世史 室町将軍の朝廷戦略——水野智之
摂関家の中世 藤原道長から豊臣秀吉まで——樋口健太郎
戦国貴族の生き残り戦略——岡野友彦
鉄砲と戦国合戦——宇田川武久
検証 長篠合戦——平山 優
織田信長と戦国の村 天下統一のための近江支配——深谷幸治
検証 本能寺の変——谷口克広
明智光秀の生涯——諏訪勝則
加藤清正 朝鮮侵略の実像——北島万次
落日の豊臣政権 秀吉の憂鬱、不穏な京都——河内将芳
豊臣秀頼——福田千鶴
イエズス会がみた「日本国王」 天皇・将軍・信長・秀吉——松本和也
海賊たちの中世——金谷匡人
アジアのなかの戦国大名 西国の群雄と経営戦略——鹿毛敏夫
琉球王国と戦国大名 島津侵入までの半世紀——黒嶋 敏
天下統一とシルバーラッシュ 銀と戦国の流通革命——本多博之

近世史

徳川忠長 兄家光の苦悩、将軍家の悲劇——小池 進
女と男の大奥 大奥法度を読み解く——福田千鶴
細川忠利 ポスト戦国世代の国づくり——稲葉継陽
家老の忠義 大名細川家存続の秘訣——林 千寿
江戸の政権交代と武家屋敷——岩本 馨
江戸の町奉行——南 和男
大名行列を解剖する 江戸の人材派遣——根岸茂夫
江戸大名の本家と分家——野口朋隆
〈甲賀忍者〉の実像——藤田和敏
江戸の武家名鑑 武鑑と出版競争——藤實久美子
江戸の出版統制 弾圧に翻弄された戯作者たち——佐藤至子
武士という身分 城下町萩の大名家臣団——森下 徹
旗本・御家人の就職事情——山本英貴
武士の奉公 本音と建前 江戸時代の出世と処世術——高野信治

歴史文化ライブラリー

宮中のシェフ、鶴をさばく 江戸時代の朝廷と庖丁道——西村慎太郎
犬と鷹の江戸時代 〈犬公方〉綱吉と〈鷹将軍〉吉宗——根崎光男
紀州藩主 徳川吉宗 明君伝説・宝永地震・隠密御用——藤本清二郎
近世の巨大地震——矢田俊文
死者のはたらきと江戸時代 遺訓・家訓・辞世——深谷克己
闘いを記憶する百姓たち 江戸時代の裁判学習帳——八鍬友広
江戸時代の瀬戸内海交通——倉地克直
江戸のパスポート 旅の不安はどう解消されたか——柴田 純
江戸の捨て子たち その肖像——沢山美果子
江戸の乳と子ども いのちをつなぐ——沢山美果子
江戸時代の医師修業 学問・学統・遊学——海原 亮
江戸幕府の日本地図 国絵図・城絵図・日本図——川村博忠
踏絵を踏んだキリシタン——安高啓明
墓石が語る江戸時代 大名・庶民の墓事情——関根達人
石に刻まれた江戸時代 無縁・遊女・北前船——関根達人
近世の仏教 華ひらく思想と文化——末木文美士
松陰の本棚 幕末志士たちの読書ネットワーク——桐原健真
龍馬暗殺——桐野作人
日本の開国と多摩 生糸・農兵・武州一揆——藤田 覚
幕末の世直し 万人の戦争状態——須田 努
幕末の海軍 明治維新への航跡——神谷大介
海辺を行き交うお触れ書き 浦触の語る徳川情報網——水本邦彦
江戸の海外情報ネットワーク——岩下哲典

近・現代史

江戸無血開城 本当の功労者は誰か？——岩下哲典
五稜郭の戦い 蝦夷地の終焉——菊池勇夫
水戸学と明治維新——吉田俊純
大久保利通と明治維新——佐々木 克
刀の明治維新 「帯刀」は武士の特権か？——尾脇秀和
維新政府の密偵たち 御庭番と警察のあいだ——大日方純夫
京都に残った公家たち 華族の近代——刑部芳則
文明開化 失われた風俗——百瀬 響
西南戦争 戦争の大義と動員される民衆——猪飼隆明
大久保利通と東アジア 国家構想と外交戦略——勝田政治
明治の政治家と信仰 クリスチャン民権家の肖像——小川原正道
文明開化と差別——今西 一
大元帥と皇族軍人 明治編——小田部雄次
皇居の近現代史 開かれた皇室像の誕生——河西秀哉

歴史文化ライブラリー

歴史文化ライブラリー

原爆ドーム 物産陳列館から広島平和記念碑へ——穎原澄子
米軍基地の歴史 世界ネットワークの形成と展開——林 博史
沖縄米軍基地全史——野添文彬
沖縄 占領下を生き抜く 軍用地・通貨・毒ガス——川平成雄
考証 東京裁判 戦争と戦後を読み解く——宇田川幸大
昭和天皇退位論のゆくえ——冨永 望
ふたつの憲法と日本人 戦前・戦後の憲法観——川口暁弘
戦後文学のみた〈高度成長〉——伊藤正直
首都改造 東京の再開発と都市政治——源川真希
鯨を生きる 鯨人の個人史・鯨食の同時代史——赤嶺 淳

文化史・誌

落書きに歴史をよむ——三上喜孝
山寺立石寺 霊場の歴史と信仰——山口博之
跋扈《ばっこ》する怨霊 祟りと鎮魂の日本史——山田雄司
将門伝説の歴史——樋口州男
藤原鎌足、時空をかける 変身と再生の日本史——黒田 智
空海の文字とことば——岸田知子
日本禅宗の伝説と歴史——中尾良信
殺生と往生のあいだ 中世仏教と民衆生活——苅米一志
浦島太郎の日本史——三舟隆之
〈ものまね〉の歴史 仏教・笑い・芸能——石井公成
戒名のはなし——藤井正雄
墓と葬送のゆくえ——森 謙二
運 慶 その人と芸術——副島弘道
ほとけを造った人びと 止利仏師から運慶・快慶まで——根立研介
祇園祭 祝祭の京都——川嶋將生
洛中洛外図屏風 つくられた〈京都〉を読み解く——小島道裕
化粧の日本史 美意識の移りかわり——山村博美
乱舞の中世 白拍子・乱拍子・猿楽——沖本幸子
神社の本殿 建築にみる神の空間——三浦正幸
古建築を復元する 過去と現在の架け橋——海野 聡
大工道具の文明史 日本・中国・ヨーロッパの建築技術——渡邉 晶
苗字と名前の歴史——坂田 聡
日本人の姓・苗字・名前 人名に刻まれた歴史——大藤 修
大相撲行司の世界——根間弘海
日本料理の歴史——熊倉功夫
日本の味 醤油の歴史——林 玲子 天野雅敏 編
中世の喫茶文化 儀礼の茶から「茶の湯」へ——橋本素子

歴史文化ライブラリー

古墳──土生田純之
東国から読み解く古墳時代──若狭 徹
埋葬からみた古墳時代 女性・親族・王権──清家 章
神と死者の考古学 古代のまつりと信仰──笹生 衛
土木技術の古代史──青木 敬
国分寺の誕生 古代日本の国家プロジェクト──須田 勉
東大寺の考古学 よみがえる天平の大伽藍──鶴見泰寿
海底に眠る蒙古襲来 水中考古学の挑戦──池田榮史
銭の考古学──鈴木公雄
ものがたる近世琉球 喫煙・園芸・豚飼育の考古学──石井龍太

古代史

邪馬台国の滅亡 大和王権の征服戦争──若井敏明
日本語の誕生 古代の文字と表記──沖森卓也
日本国号の歴史──小林敏男
日本神話を語ろう イザナキ・イザナミの物語──中村修也
六国史以前 日本書紀への道のり──関根 淳
東アジアの日本書紀 歴史書の誕生──遠藤慶太
〈聖徳太子〉の誕生──大山誠一
倭国と渡来人 交錯する「内」と「外」──田中史生
大和の豪族と渡来人 葛城・蘇我氏と大伴・物部氏──加藤謙吉
白村江の真実 新羅王・金春秋の策略──中村修也
よみがえる古代山城 国際戦争と防衛ライン──向井一雄
よみがえる古代の港 古地形を復元する──石村 智
古代豪族と武士の誕生──森 公章
飛鳥の宮と藤原京 よみがえる古代王宮──林部 均
出雲国誕生──大橋泰夫
古代出雲──前田晴人
古代の皇位継承 天武系皇統は実在したか──遠山美都男
古代天皇家の婚姻戦略──荒木敏夫
壬申の乱を読み解く──早川万年
戸籍が語る古代の家族──今津勝紀
地方官人たちの古代史 律令国家を支えた人びと──中村順昭
古代の都はどうつくられたか 中国・日本・朝鮮・渤海──吉田 歓
平城京に暮らす 天平びとの泣き笑い──馬場 基
平城京の住宅事情 貴族はどこに住んだのか──近江俊秀
すべての道は平城京へ 古代国家の〈支配の道〉──市 大樹
都はなぜ移るのか 遷都の古代史──仁藤敦史
聖武天皇が造った都 難波宮・恭仁宮・紫香楽宮──小笠原好彦

歴史文化ライブラリー